Du CM1 au CM2 • 9-10 ans

SENSU 6

Ludovic Danjou
Scénario

Martina Ioppolo
Dessins

Chiara Onofri
Lettrage

Audrey Halbert
Professeure des écoles

Nathan

PRÉSENTATION

→ **Tu lis un manga** entrecoupé d'exercices de : français, maths, histoire-géographie, sciences.

→ **Tu dois résoudre les exercices** pour reconstituer l'histoire qui est placée dans le désordre.

→ **Tu vérifies ta réponse :**
- elle est juste → tu accèdes à la suite de l'histoire ;
- elle est fausse → le corrigé te guide pour refaire l'exercice.

Repère-toi grâce aux numéros des paragraphes : 2

→ **Tu peux consulter le mémo** en fin d'ouvrage, il t'explique la notion abordée dans l'exercice.

→ **Regarde la table des matières** (p. 190) pour connaître tous les points du programme abordés dans les exercices.

→ **Note les indices** sur la page 189 : un par chapitre, ils prouvent que l'histoire avance.

Ce manga est publié dans son sens de lecture original : de droite à gauche.

© Nathan, 2023. ISBN : 978-209-501541-1. N° éditeur : 167519/10287304

CHAPITRE 1
UN MYSTÉRIEUX VOL

LUNDI 7 NOVEMBRE, 8 H 03

HEIN ?

MAIS... QU'EST-CE QUE...
C'EST QUOI, CETTE HISTOIRE ! JE DORS ENCORE ?
NON... C'EST IMPOSSIBLE... !
IL A DISPARU... LE... LE TABLEAU... A DISPARU !

MONSIEUR
LE DIRECTEUR !
UN TABLEAU A ÉTÉ VOLÉ !

VOUS VOYEZ QUELQUE CHOSE ?
NON, IL Y A TROP DE MONDE ! TOUTE L'ÉCOLE EST RASSEMBLÉE DANS LA COUR POUR LE MOMENT.
HÉ ! MAIS, MAIS... C'EST...
POLICE
POLICE
POLICE
POLICE
POLICE
POLICE

MAIS QU'EST-CE QU'ELLE FAIT LÀ ?
C'EST MA MÈRE !
D'APRÈS LES RUMEURS QUI CIRCULENT DEPUIS CE MATIN, IL S'EST PASSÉ QUELQUE CHOSE DANS LE COULOIR DES ARTS.
ÇA SIGNIFIE QUE L'ON FERAIT MIEUX D'ATTENDRE PLUS LOIN L'OUVERTURE DES PORTES. ON N'APPRENDRA RIEN EN RESTANT ICI.
ET SI MA MÈRE S'EST DÉPLACÉE, CELA NE SIGNIFIE QU'UNE CHOSE…

LES RUMEURS, C'EST DU GRAND N'IMPORTE QUOI… MAINTENANT, ON DIT QUE LE COULOIR S'OUVRE SUR LA PORTE DE L'ENFER…
FAIS ATTENTION À CE QUE TU DIS, EMMA, L'ENFER POURRAIT BIEN T'EMBARQUER !
AH AH AH ! GÉNIAL, ON PEUT Y ENVOYER LA MOITIÉ DE L'ÉCOLE !
ALLEZ, JE BLAGUE MAIS C'EST PEUT-ÊTRE GRAVE, CE QU'IL SE PASSE…
J'AI DIT LA MOITIÉ, PAS NOUS !
ET TU IMAGINES UN MONDE SANS NOUS ? TES PROPRES AMIS ?

LES ENFANTS VONT-ILS DÉCOUVRIR CE QU'IL S'EST PASSÉ ?

Pour connaître la suite, relie chaque nombre à son écriture en toutes lettres.

a. 143 280 •

• **1.** cent-quarante-trois-mille-deux-cent-quatre-vingts

• **2.** cent-quarante-trois-milles-deux-cents-quatre-vingts

b. neuf-cent-trois-mille-soixante-quatorze •

• **1.** 900 374

• **2.** 903 074

• **3.** 903 60 14

Si tu as relié **a.** 2. ; **b.** 1 → Va au n° 9.

Si tu as relié **a.** 1 ; **b.** 2. → Va au n° 7.

Si tu as relié **a.** 1 ; **b.** 3. → Va au n° 5.

mémo 7

2

Emma a dormi 8 h et 15 min... Es-tu sûr(e) de ta réponse ? Révise le calcul des durées dans le mémo n° 12.

→ Refais l'exercice du n° 7.

3

Ce n'est pas la bonne réponse. Tu peux réviser la conjugaison du présent dans le mémo n° 3.

→ Retourne à l'exercice du n° 4.

ET JE NE T'AI JAMAIS VU DANS CETTE RUE AUPARAVANT...
HUM... ÇA FAIT TROIS FOIS QUE TU PASSES PAR ICI...
4
SÛREMENT QUELQU'UN DE LOUCHE...

ET TU ES ENCORE À ESPIONNER LA RUE ! J'AI BIEN FAIT DE PASSER PAR LE JARDIN.
CE GARÇON M'INTRIGUE, RIEN DE PLUS !
ET SINON COMMENT ÇA S'EST PASSÉ AVEC TA MÈRE ? TU ES PUNIE POUR AVOIR UTILISÉ TON POUVOIR ?
NON, MÊME PAS ! ELLE EST RENTRÉE ET S'EST CLOÎTRÉE DANS SON BUREAU SANS UN MOT...

OUI ! J'AI COMMENCÉ À Y RÉFLÉCHIR !
À MON AVIS, CE QUI S'EST PRODUIT À L'ÉCOLE EST PLUS SÉRIEUX QU'ON NE LE PENSE...
AVANT QUE MA MÈRE NE M'ARRÊTE, J'AI PU SENTIR QUE...
À QUOI TU PENSES ?
C'EST UN TABLEAU QUI A DISPARU. ET PAS N'IMPORTE LEQUEL ! « LES FOUS DE BASSAN » DE RÉGINALD MANCHET.

LE PLUS CÉLÈBRE DES TABLEAUX DE L'ÉCOLE, COMME PAR HASARD...
ET JE PEUX T'ASSURER QUE MON SENSU 6 NE M'A PAS TROMPÉE CETTE FOIS-CI.
IL NE S'EST PAS ARRÊTÉ DEPUIS L'ÉCOLE...
SAUF QUE, POUR LE MOMENT, IMPOSSIBLE DE METTRE LES PIEDS DANS LE COULOIR POUR EN SAVOIR PLUS, EMMA...
J'AI L'IMPRESSION QU'IL CHERCHE À M'AVERTIR. J'AI DÛ APPROCHER UN ÉLÉMENT IMPORTANT DU MYSTÈRE.

OH, JE SENS QUE TU NE VAS PAS RESPECTER LES RÈGLES, LÀ...
EXACT, ZINEB ! JE VAIS DONC CHERCHER AILLEURS POUR LE MOMENT...
HUM, J'IMAGINE QUE TON EXCUSE SERA QUELQUE CHOSE DU GENRE « C'EST POUR LA BONNE CAUSE. »
PFFF, ÇA NE SERA PAS LA PREMIÈRE FOIS ! ON N'OBTIENT RIEN SANS SE MOUILLER UN PEU !
OH ÇA VA, JE TE RASSURE, JE NE FAIS RIEN DE... DANGEREUX !
INTÉRECHANT...

LE LENDEMAIN MIDI
TU ES FOLLE, EMMA...

OH VRAIMENT, C'ÉTAIT SANS DANGER, JUSTE « HORS CADRE » !
HIER, J'AI PU VOIR LA LISTE DES PREMIERS SUSPECTS RÉPERTORIÉS PAR MA MÈRE...
EUH, TU ES SÛRE QUE C'ÉTAIT LA BONNE LISTE ?
ELLE FAIT FAUSSE ROUTE, J'EN SUIS CERTAINE. ELLE SOUPÇONNE LE GARDIEN, LES PROFESSEURS ET MÊME LE DIRECTEUR !
JE N'AI PAS VRAIMENT LE CHOIX, HEIN ! SI JE VEUX PROUVER QUE JE SUIS AUSSI FORTE QUE MA MÈRE !
ET DONC C'EST POUR ÇA QUE TU AS IMAGINÉ UN « PLAN » POUR VÉRIFIER TON INTUITION...

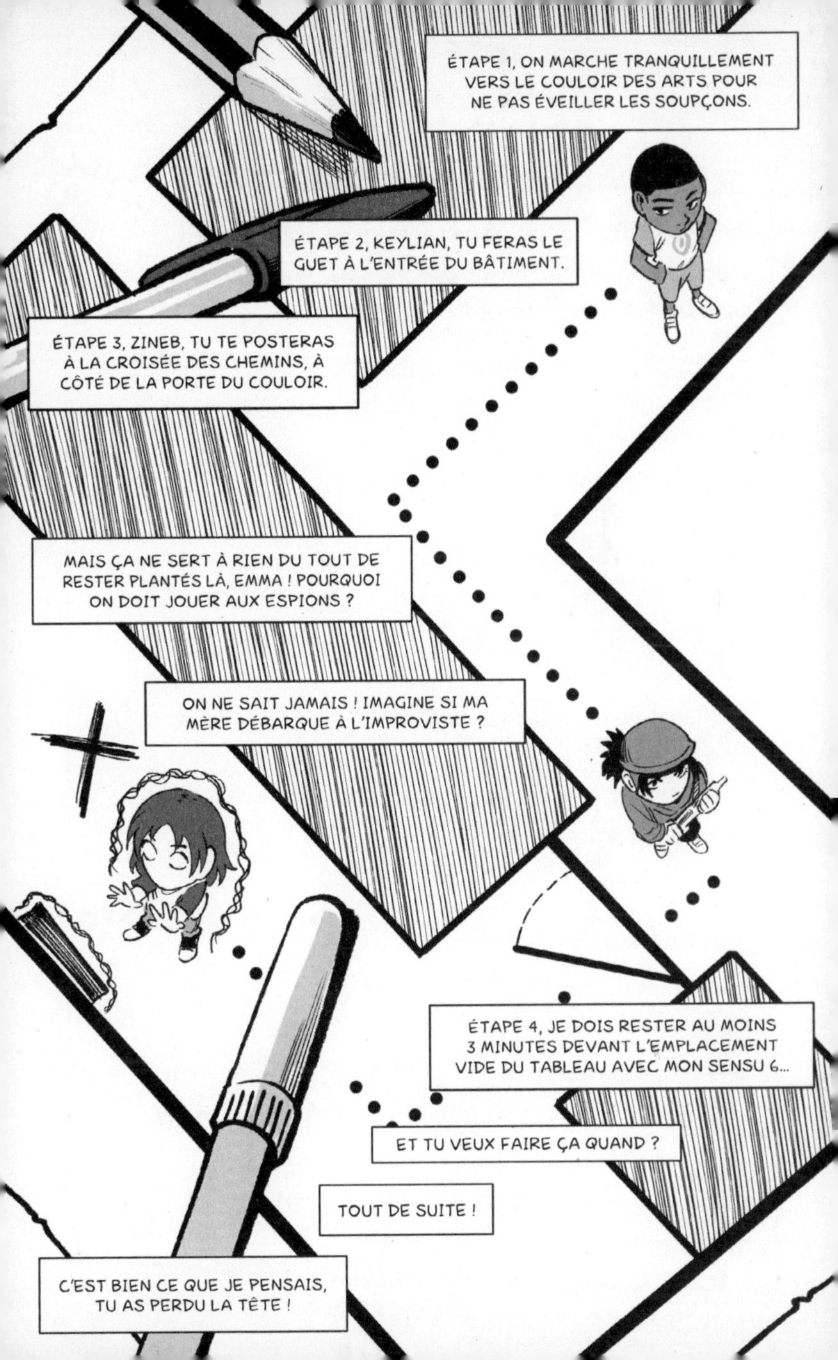
ÉTAPE 1, ON MARCHE TRANQUILLEMENT VERS LE COULOIR DES ARTS POUR NE PAS ÉVEILLER LES SOUPÇONS.
ÉTAPE 2, KEYLIAN, TU FERAS LE GUET À L'ENTRÉE DU BÂTIMENT.
ÉTAPE 3, ZINEB, TU TE POSTERAS À LA CROISÉE DES CHEMINS, À CÔTÉ DE LA PORTE DU COULOIR.
MAIS ÇA NE SERT À RIEN DU TOUT DE RESTER PLANTÉS LÀ, EMMA ! POURQUOI ON DOIT JOUER AUX ESPIONS ?
ON NE SAIT JAMAIS ! IMAGINE SI MA MÈRE DÉBARQUE À L'IMPROVISTE ?
ÉTAPE 4, JE DOIS RESTER AU MOINS 3 MINUTES DEVANT L'EMPLACEMENT VIDE DU TABLEAU AVEC MON SENSU 6...
ET TU VEUX FAIRE ÇA QUAND ?
TOUT DE SUITE !
C'EST BIEN CE QUE JE PENSAIS, TU AS PERDU LA TÊTE !

LES ENFANTS VONT-ILS METTRE LEUR PLAN À EXÉCUTION ?

Pour le savoir, conjugue ces verbes au présent. Puis, complète la phrase en-dessous en plaçant les lettres des cases vides, dans leur ordre d'apparition.

Le gardien (*nettoyer*) le hall. [_] _ _ _ [_] _ _
Emma (*apercevoir*) sa mère à l'école. _ _ _ _ _ _ _ _ [_]
Vous (*devoir*) résoudre cette énigme. _ _ [_] _ _
Les enfants (*s'interroger*) sur sa présence.
_' _ _ _ _ _ _ [_] _ _ _ _ _
Emma et ses amis (*s'agiter*) pour trouver un plan.
_'[_] _ [_] [_] [_] _ _

ALLEZ, E _ R _ U _ E _ E _ S L _ SU _ _ _!

Si tu as trouvé « Allez, en route vers la suite ! »
→ Va au n° 10.
Si tu as trouvé « Allez, et roule vers la Suède ! »
→ Va au n° 3.
Si tu as trouvé « Allez, en route vers la Suède ! »
→ Va au n° 8.

mémo 3

5

Ce n'est pas la bonne réponse. → Lis le mémo n° 7 sur l'écriture des nombres et retourne à l'exercice du n° 1.

6

Mauvaise réponse. Keylian a dormi 8 h et 20 min.
→ Recommence l'exercice du n° 7.

RIEN DU TOUT ET JE N'AI PAS ENVIE D'IMAGINER QUOI QUE CE SOIT !
ALORS VOUS IMAGINEZ QUOI ? LA CAISSE DE LA KERMESSE A ÉTÉ VOLÉE ? LE CHAT DU GARDIEN S'EST DÉCOUVERT UN TALENT ARTISTIQUE AVEC SES GRIFFES ?
7
SÉRIEUSEMENT, VOUS N'AVEZ PAS ENVIE DE SAVOIR ?
D'ACCORD AVEC KEYLIAN. LA DERNIÈRE FOIS, TA CURIOSITÉ NOUS A COÛTÉ TROP CHER ! HORS DE QUESTION DE RECOMMENCER.

POUR UNE FOIS QU'IL SE PASSE QUELQUE CHOSE PAR ICI !
EMMA, NE FAIS PAS ÇA...
EH BIEN, VU LA MOTIVATION DE L'ÉQUIPE, JE SAIS CE QU'IL ME RESTE À FAIRE...
TU OUBLIES QUE TA MÈRE EST DANS L'ÉCOLE...

JE VAIS UTILISER MON POUVOIR POUR COMPRENDRE CE MYSTÈRE !

EMMA, ARRÊTE TOUT DE SUITE !
HUUUUMM
HUUUUUUMM
ET VOILÀ, C'EST REPARTI POUR LA ÉNIÈME CATASTROPHE...

ALLEZ, MONTRE-MOI CE QU'IL SE PASSE À L'INTÉRIEUR...
PARDON TOUT LE MONDE...
NOOOOON, CE N'EST PAS LE MOMENT DE ME LÂCHER...
ET HOP, ENTRÉE INCOGNITO ! HI HI !

OH LÀ LÀ... ALLEZ, ENCORE UN EFFORT...
POLICE
POLICE
EMMA...
POLICE
OH NON NON, PAS ELLE...
POLICE
SORS D'ICI TOUT DE SUITE, OUSTE !
OH LÀ LÀ... ÇA VA BARDER À LA MAISON !

BUREAU DE LA MAIRE
IL VA DE SOI QUE CE VOL DOIT ÊTRE ÉLUCIDÉ DANS LES PLUS BREFS DÉLAIS. L'ÉCHEC N'EST PAS ACCEPTABLE !
C'EST UNE AFFAIRE DE LA PLUS HAUTE IMPORTANCE !
CE VOL EST UN DRAME ET JE ME SUIS ENGAGÉE PERSONNELLEMENT À RETROUVER LE TABLEAU DE MONSIEUR MANCHET.
JE COMPTE SUR VOUS, COMMISSAIRE, ET SUR VOS TALENTS, VÉRONICA.
POLICE

JE M'ENGAGE À TOUT FAIRE POUR RÉCUPÉRER LE TABLEAU ET ARRÊTER LE VOLEUR !
POLICE
POLICE
OUI... EUH... OUI... VOILÀ, LA LIEUTENANTE RASME EST TRÈS QUALIFIÉE SUR CE GENRE D'ENQUÊTE. ELLE EST TOUTE DÉSIGNÉE...
MADAME LA MAIRE, VOUS POUVEZ COMPTER SUR MOI !
POLICE

VÉRONICA VA-T-ELLE RÉUSSIR À ARRÊTER LE COUPABLE ?

Pour découvrir la suite, résous ce problème.

Emma s'est endormie à 21 h 30 et s'est réveillée à 5 h 45.
Keylian s'est endormi à 22 h 10 et s'est réveillé à 6 h 30.
Zineb s'est endormie à 22 h 45 et s'est réveillée à 7 h 10.
Entoure celui qui a dormi le plus longtemps.

a. Emma **b.** Keylian **c.** Zineb

Si tu as entouré **a.**
➜ Va au n° 2.
Si tu as entouré **b.**
➜ Va au n° 6.
Si tu as entouré **c.**
➜ Va au n° 4.

mémo 12

8

C'est faux... Tu peux revoir la conjugaison du présent dans le mémo n° 3.
➜ Refais l'exercice du n° 4.

9

Tu t'es trompé(e), lis le mémo n° 7 sur l'écriture de « mille » et « cent » et retourne à l'exercice du n° 1.

10

OK, TOUT VA BIEN POUR LE MOMENT. JE N'AI QUE QUELQUES MINUTES, JE N'AI PAS LE DROIT À L'ERREUR.
ENFIN J'Y SUIS...
?
ET JE VAIS AVOIR MA RÉPONSE...

OH, ON
EST MAL !
MADAME RASME !
QU'EST-CE QUE VOUS
FAITES ICI ?
AH AH AH...
« SI JAMAIS MA
MÈRE SURGIT... »
AH AH AH !

ALLEZ, LIVRE-MOI TON SECRET, TABLEAU…
QUI EST VENU TE VOLER ?

VITE, UNE IDÉE, BON SANG !
AH AH AH, C'EST GRÂCE AU SPORT AH AH AH !
KEYLIAN ! TU AS L'AIR EN FORME.
POLICE
TRÈS BIEN, BRAVO !
POLICE
BRAVO, TU ES TRÈS FORT ! MAIS JE DOIS ENTRER MAINTENANT.
POLICE
ET JE PEUX MÊME FAIRE 130 POMPES SANS M'ARRÊTER !
N'IMPORTE QUOI ! JE N'AI JAMAIS DÉPASSÉ LES 20 !

J'AI BESOIN QUE TU RETRACES LES RÉSIDUS D'ÉNERGIE SPIRITUELLE DES GENS QUI SONT PASSÉS DEVANT TOI, TABLEAU...
LÀ... OUI... JE SENS QUELQUE CHOSE DE DIFFÉRENT...
CONCENTRE-TOI, NE PERDS PAS LE SENSU 6 !

MAMAN NE SUIT PAS DU TOUT LA BONNE PISTE...
C'EST BIEN CE QUE JE PENSAIS...
ET JE SAIS MAINTENANT QUI NOUS DEVONS CHERCHER...
OH ZUT ! QUE JE SUIS MALADROITE...

DÉSOLÉE MADAME RASME, JE FAIS TOUJOURS TOUT TOMBER !
MAIS QU'EST-CE QUE... ZI... ZINEB !
TU NE DEVRAIS PAS ÊTRE LÀ, ZINEB...
AÏE AÏE AÏE, CATASTROPHE NUCLÉAIRE À L'APPROCHE !

LA MÈRE D'EMMA VA-T-ELLE LA SURPRENDRE ?

Si tu veux le savoir, réponds à la question suivante.

Qui essaie d'impressionner Véronica pour détourner son attention ?

Écris ta réponse : ....

C'est ton PREMIER INDICE .

Note-le sur ta page-indices, p. 189.

Maintenant → lis la suite au chapitre 2 page 39.

CHAPITRE 2
FAUSSES PISTES

LE VOLEUR EST UN ENFANT, PAS UN ADULTE ! J'AI VU SA TRACE GRÂCE À MON POUVOIR.
MAIS À CE MOMENT-LÀ, JE T'AI ENTENDU PRONONCER LE NOM DE MA MÈRE, ZINEB !
ALORS J'AI COURU VERS LE LOCAL DE MÉNAGE.
MÉNAGE
JE ME SUIS CACHÉE DEDANS, ET J'AI ATTENDU LONGTEMPS. TRÈÈÈÈÈS LONGTEMPS !

C'EST QUI LA PLUS FORTE ?
DONC C'EST UN ENFANT QUI A VOLÉ LE TABLEAU...
BIZARRE, TOUT ÇA. CETTE RÉVÉLATION AMÈNE PAS MAL D'AUTRES QUESTIONS : LE VOLEUR EST-IL UN ÉLÈVE DE L'ÉCOLE ?
CALME-TOI !
HI HI ! DÉSOLÉE...
C'EEEEST MOI LAAAA PLUS GÉNIALE ! AH AH AH !

CE N'EST PAS DÉJÀ LE CAS ?
HUM HUM... PUISQUE MA MÈRE SE TROMPE, C'EST DONC À NOUS DE DÉBUSQUER LE VOLEUR.
OK ! BON, ON SE RETROUVE CHEZ TOI CE WEEK-END POUR EN DISCUTER ? JE NE PEUX PAS RESTER, J'AI MON ENTRAÎNEMENT DE SPORT !
KEYLIAN, TU PARS QUAND ÇA DEVIENT PALPITANT !
NOUS DEVONS AIDER MA MÈRE. SES PISTES VONT LUI FAIRE PERDRE DU TEMPS ET LE VOLEUR AURA TOUT LE LOISIR D'EFFACER SES TRACES.

UN ENFANT... FILLE OU GARÇON ?
UN ÉLÈVE DE L'ÉCOLE ? UN ANCIEN ÉLÈVE ? OU RIEN À VOIR ?
POURQUOI VOLER UN TABLEAU ? POUR DE L'ARGENT ? POUR S'AMUSER ? ET POURQUOI CE TABLEAU-LÀ ?
BON, JE DEVRAIS PEUT-ÊTRE RACONTER CE QUE J'AI DÉCOUVERT MAIS MAMAN NE VOUDRA RIEN ENTENDRE, J'EN SUIS SÛRE...

ALLEZ COURAGE, EMMA, TU N'ES PLUS UN BÉBÉ !
EMMA !
OH !
MA...
ENCORE UN VOL ? UN DEUXIÈME TABLEAU DE RÉGINALD MANCHET ?

IL Y A EU UN AUTRE VOL, J'AI ENTENDU ! TU DOIS TE RENDRE SUR PLACE ?
EMMA, J'AI UNE URGENCE ET JE... EUH...
JE SAIS, NE T'INQUIÈTE PAS, J'AI L'HABITUDE !
OUI, TOUT LE MONDE SE RÉUNIT À LA MÉDIATHÈQUE. TU CONNAIS LA PROCÉDURE...
N'UTILISE PAS TON SENSU 6, EMMA. ON EST D'ACCORD ?
JE RESTE SAGEMENT DANS LA VOITURE ET J'ATTENDS TON RETOUR SANS CRÉER DE PROBLÈMES...

EMMA VA-T-ELLE ÉCOUTER SA MÈRE ?

Trouve le sujet et le verbe de chaque phrase et reconstitue un mot avec les lettres correspondantes.

Malgré l'interdiction de sa mère, Emma a utilisé son Sensu 6.

Sujet	Emma → B	mère → F
Verbe	a → E	a utilisé → A

Avec stupeur, Véronica apprend le vol d'un autre tableau de Réginald Manchet.

Sujet	tableau → N	Véronica → S
Verbe	apprend → S	vol → N

Emma doit rester dans la voiture en attendant le retour de sa mère.

Sujet	mère → E	Emma → A
Verbe	doit → N	attendant → C

Si tu as trouvé FENNEC → Va au n° 18.

Si tu as trouvé BASSAN → Va au n° 15.

mémo 1

12

Tu t'es trompé(e), révise le mémo pour t'aider à trouver les réponses.

→ Retourne à l'exercice du n° 17.

13

Ce n'est pas la bonne réponse. Lis le mémo n° 15 sur les fruits et légumes de saison.

→ Retourne à l'exercice du n° 20.

14
IL ME FAUT UN PLAN D'ATTAQUE, ÉTUDIER LES POSSIBILITÉS.

INUTILE D'ALLER CHERCHER DES INDICES À LA MÉDIATHÈQUE.
BON, IMPOSSIBLE D'UTILISER MON SENSU 6, J'AI PROMIS À MAMAN.
IMPOSSIBLE DE FOUILLER À NOUVEAU DANS LE BUREAU DE MAMAN.
JE N'AI AUCUN PLAN ! C'EST N'IMPORTE QUOI !
IMPOSSIBLE DE VOLER COMME UN SUPER HÉROS...

CLAP
HUUUM ?
MAIS OUI, LA SOLUTION EST LÀ ! LES COLLÈGUES DE MAMAN VIENNENT LA CHERCHER TOUS LES MATINS. JE PEUX ESSAYER DE LES FAIRE PARLER !

EUH...
BONJOUR ! ALORS, LES ENQUÊTES ? IL SE PASSE QUOI EN CE MOMENT ?
EMMA, QU'EST-CE QUE TU FAIS ?
MOI ? RIEN...

C'EST QUAND, VOTRE PROCHAINE OPÉRATION ?
ET LES JOURS SUIVANTS…
BONJOUR ! ÇA SE PASSE BIEN, L'ENQUÊTE ?
?

?
RATÉ, RATÉ, RATÉ !
TU N'AS PAS DES DEVOIRS À FAIRE, TOI ?

BON, VOUS ALLEZ ME LE DIRE, À LA FIN : JE VEUX SAVOIR !
NOOOOOON, AUCUUUUN PROBLÈME !
BONJOUR, EMMA ! ON ATTEND TA MAMAN, IL Y A UN PROBLÈME ?
TANT PIS, PLUS QU'UN MOYEN POUR SAVOIR... AUX GRANDS MAUX, LES GRANDS REMÈDES.
ÇA M'ÉNERVEEEEEE !
OLICE

DE QUOI PARLAIT LA FILLE DE LA LIEUTENANTE RASME ?
DE L'OPÉRATION QUE L'ON VA MENER AVEC L'ÉQUIPE D'INTERVENTION SAMEDI PROCHAIN, AU THÉÂTRE, JE CROIS.
OUI ! ÇA A MARCHÉ !
MAIS JE NE SAIS PAS POURQUOI ÇA L'INTÉRESSE AUTANT.
POLICE

Quand aura lieu l'opération de Véronica et de son équipe ?

a. Demain.

b. Samedi prochain.

c. Elle a eu lieu vendredi dernier.

Écris ta réponse : ....

C'est ton DEUXIÈME INDICE.

Note-le sur ta page-indices, p. 189.

Maintenant → lis la suite au chapitre 3 page 75.

15

Bravo ! Tu as trouvé la bonne réponse.

→ Tu peux lire la suite au n° 20.

16

C'est faux... Tu peux revoir les figures planes et les solides dans le mémo n° 13.

→ Refais l'exercice du n° 17.

17
JE T'ÉCOUTE DE TEMPS EN TEMPS, MAMAN.
OH, TU ES LÀ ! J'EN SUIS PRESQUE ÉTONNÉE...

EMMA, JE VOUDRAIS REVENIR SUR CE QU'IL S'EST PASSÉ À L'ÉCOLE...
AH... OUI, DÉSOLÉE...
J'ÉTAIS EN SERVICE, EMMA. AU TRAVAIL. CE SONT DES AFFAIRES D'ADULTES... TU N'AS PAS À LES ÉCOUTER.
OUI...
NOTRE POUVOIR N'EST PAS UN JEU, IL PEUT AVOIR DE TERRIBLES CONSÉQUENCES. J'AI CHOISI DE NE PAS L'UTILISER À CAUSE DE MON MÉTIER.

MAIS… JE… VOULAIS JUSTE T'AIDER.
LE SENSU 6 EST AUTANT UN DON QU'UNE MALÉDICTION POUR LES FEMMES DE NOTRE FAMILLE, EMMA. SI TU EN ABUSES, TU VAS VERS DE GROS PROBLÈMES. TU ME PROMETS DE NE PLUS L'UTILISER ?
D'ACCORD, MAMAN… C'EST PROMIS.

LE LENDEMAIN...
IL TE FAUT JUSTE LE NUMÉRO 3 POUR GAGNER MAIS TU N'Y ARRIVERAS PAS. TROP DUR.
AH AH AH ! JE SUIS LA PLUS FORTE !
OUAIS, BON... MAIS TU N'AS PAS RÉUSSI À ATTRAPER LE VOLEUR, HEIN !

*œuvre en trois parties.

COMMENT L'INCONNU A-T-IL PU SAUTER AUSSI HAUT ET AUSSI VITE ?
JE VOUS LAISSE TRAVAILLER LÀ-DESSUS. MOI, J'AI UNE ÉNIGME À RÉSOUDRE.
CETTE HISTOIRE DEVIENT DE PLUS EN PLUS COMPLEXE.
DES PISTES MAIS PEU D'INDICES POUR LE MOMENT...

ET JE VAIS Y PARVENIR PENDANT L'OPÉRATION « PIÈGE » DU TROISIÈME TABLEAU !
À NOUS DE DÉCOUVRIR LE MYSTÈRE DU VOL DES « FOUS DE BASSAN » !
EUH... NON...
ET TU SAIS QUAND ET OÙ AURA LIEU L'OPÉRATION DE TA MÈRE ?
IL Y A ENCORE DU BOULOT, CHAMPIONNE !

RIEN NE ME RÉSISTE ! JE TROUVERAI LA DATE ET LE LIEU DE L'OPÉRATION POLICIÈRE ET CETTE FOIS-CI LE VOLEUR NE M'ÉCHAPPERA PAS !

EMMA VA-T-ELLE RÉUSSIR À CONNAÎTRE LA DATE ET LE LIEU DE L'OPÉRATION ?

Pour lire la suite, complète le tableau avec la lettre de la figure géométrique correspondant à chaque définition.

	Solide dont tous les points sont situés à la même distance du centre.
	Quadrilatère ayant 4 angles droits et 4 côtés de même mesure.
	Polygone ayant 3 côtés et un angle droit.
	Solide composé de 6 faces carrées.
	Figure plane dont tous les points sont à la même distance du centre.

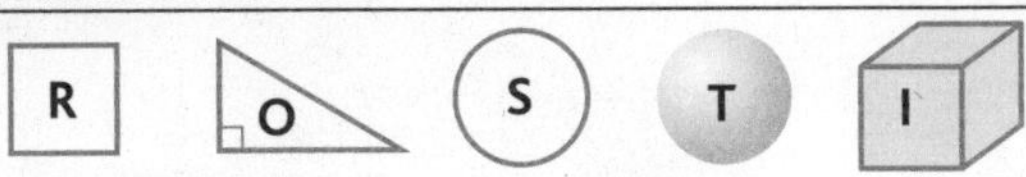

Si tu as trouvé ROTIS → Va au n° 16.

Si tu as trouvé SORTI → Va au n° 12.

Si tu as trouvé TROIS → Va au n° 14.

mémo 13

18

Ce n'est pas la bonne réponse.

→ Refais l'exercice du n° 11.

19

Non, ce n'est pas la bonne réponse. Révise le mémo n°15 pour t'aider. → Recommence l'exercice du n° 20.

20

UN PEU. TOUT LE GRATIN EST LÀ ET LE VIEUX MONSIEUR S'EST DÉPLACÉ EXPRÈS.
TU SAIS CE QU'IL SE PASSE À L'INTÉRIEUR ?
POLICE
LE PEINTRE ?
OUI. TOUT LE MONDE EST DANS LA SALLE D'EXPOSITION, DERRIÈRE L'ESCALIER...

QUELLE TRISTESSE… POURQUOI S'EN PRENDRE À EUX ?
MES TABLEAUX SONT MA VIE, MADAME LA MAIRE… JE N'ACCEPTERAI PAS UN AUTRE DRAME…

JE VOUS ASSURE QUE NOUS ALLONS LES RETROUVER, MONSIEUR MANCHET.
C'EST UNE AFFAIRE QUE NOUS PRENONS TRÈS AU SÉRIEUX, N'EST-CE PAS, LIEUTENANTE RASME ?
OUI, QUELQUE CHOSE ME DIT QUE L'AUTEUR DU VOL N'EST PAS LOIN...
HUM... CES TABLEAUX SONT MA PLUS GRANDE ŒUVRE.
EUH... OUI, MADAME, NOUS AVONS DÉJÀ PLUSIEURS PISTES !
AH, EUH... CELA ME SEMBLE ÊTRE UNE DÉCISION RAPIDE... VOS TABLEAUX SONT L'IMAGE DE NOTRE COMMUNE...
JE DEMANDE LA RESTITUTION DU RESTE DE MES ŒUVRES EXPOSÉES EN VILLE.

NOUS POURRIONS NOUS SERVIR DU TROISIÈME TABLEAU POUR TENDRE UN PIÈGE AU VOLEUR…
TIENS, TIENS, PLUSIEURS TABLEAUX SIMILAIRES…
JE CROIS AVOIR UNE SOLUTION, MONSIEUR MANCHET, MADAME LA MAIRE…
MAIS… QUE SE PASSE-T-IL ? CETTE ÉNERGIE… JE LA RECONNAIS…
LE VOLEUR EST ENCORE DANS LA MÉDIATHÈQUE !

IL N'EST PAS LOIN...
C'EST FOU...
HÉ ! STOP !
JE SENS LE VOLEUR TOUT PRÈS... JE VAIS ESSAYER DE ME PROJETER...
BROOOOUM !

ÉVIDEMMENT QUE ÇA N'ALLAIT PAS SE PASSER SI FACILEMENT POUR MOI !
ALLEZ ! PLUS VITE !
AH AH AH ! MAUVAIS PLAN, CE COULOIR EST SANS ISSUE ! JE TE TIENS !

MAIS… C'EST IMPOSSIBLE !
COMMENT PEUT-ON GRIMPER AUSSI HAUT ET AUSSI VITE ?

COMMENT LE VOLEUR A-T-IL PU S'ÉCHAPPER SI VITE ?

Pour la cantine, la maire a décidé de privilégier les fruits et légumes de saison afin de limiter l'impact environnemental des repas.

Complète le tableau, à l'aide du mémo, avec les fruits et légumes selon la saison à laquelle ils poussent en France métropolitaine. Ensuite, avec les lettres dans les cadres, trouve quel fruit sera servi le dernier jour de l'année scolaire.

Automne	Hiver	Printemps	Été
□O_ _ _ _ _	_ _ _ _ _ _□_N_	F_ _ _□_	□_ _ _ _ _ _E
_ _I_□	_H_□	_H_ _ _ _ _□	T_ _□_ _

Si tu as trouvé PASTÈQUE
→ Va au n° 17.
Si tu as trouvé NOISETTE
→ Va au n° 13.
Si tu as trouvé ABRICOTS
→ Va au n° 19.

mémo 15

CHAPITRE 3
UNE OPÉRATION TRÈS SPÉCIALE

JE SUIS EN OPÉRATION SPÉCIALE AUJOURD'HUI ET ÇA RISQUE DE DURER TOUTE LA SOIRÉE.
AH ! MAIS... JE VAIS FAIRE QUOI, MOI ?
EH BIEN, J'AI DEMANDÉ À LA MAMAN DE ZINEB SI ELLE POUVAIT T'ACCUEILLIR CET APRÈS-MIDI ET POUR UNE SOIRÉE PYJAMA ! PAS MAL COMME ALTERNATIVE, NON ?
AH, TROP BIEN, MAMAN ! TU ES LA MEILLEURE !
OUI, EUH... MERCI...

EST-CE QUE JE PEUX ALLER TOUT DE SUITE CHEZ ZINEB ?
OUPS, DÉSOLÉE !
PAS AVANT D'AVOIR RAMASSÉ LES COURSES...
ET PAS AVANT D'AVOIR RANGÉ TA CHAMBRE ET PRÉPARÉ TES AFFAIRES POUR LA SOIRÉE !

JE T'ASSURE QUE C'EST SANS RISQUE POUR TOI !
JE NE VEUX PAS ENTENDRE ÇA, EMMA ! NON, NON ET NON !
ILS DÉRAPENT TOUJOURS, TES PLANS ! CE QUE TU ME PROPOSES EST TROP DANGEREUX.
NON, NON ET NON ! JE NE SUIS PAS D'ACCORD !
MAIS, LÀ, C'EST SÛR DE SÛR !
KEYLIAN NE SERA JAMAIS D'ACCORD...
JE PARIE LE CONTRAIRE !

RHAAAAAAA, MAIS POURQUOI ? ON N'Y ARRIVERA PAS SANS PRENDRE DE RISQUES !
ON SE CALME, LES AMIS. QU'EST-CE QUE TU AS TROUVÉ, KEYLIAN ?
PAS BESOIN DE PRENDRE DES RISQUES ! LES LIVRES AUSSI PEUVENT NOUS AIDER, JE TE SIGNALE !
J'AI LU LA BIOGRAPHIE DE RÉGINALD MANCHET ET DES ARTICLES SUR LUI. IL M'INTRIGUE BEAUCOUP.

RÉGINALD MANCHET, NÉ LE 19 AOÛT 1944 À LANNEAU-SUR-MER, EST UN PEINTRE FRANÇAIS NATURALISTE UTILISANT PRINCIPALEMENT LA TECHNIQUE DE L'AQUARELLE. COLLECTIONNEUR, MÉCÈNE*. ÉLÈVE DES BEAUX-ARTS DE BREST.
IL LÈGUE SA COLLECTION DE PEINTURES ET DE CROQUIS À LA VILLE DE SA NAISSANCE OÙ IL RÉSIDE DEPUIS SA RETRAITE. PASSIONNÉ D'ORNITHOLOGIE ET EN PARTICULIER D'OISEAUX DE MER, IL A RASSEMBLÉ L'ENSEMBLE DE SON TALENT DANS UN TRIPTYQUE MONDIALEMENT CONNU : « LES FOUS DE BASSAN ».
* MÉCÈNE : PERSONNE QUI SOUTIENT FINANCIÈREMENT DES ARTISTES.
** VERNISSAGE : JOUR D'OUVERTURE D'UNE EXPOSITION ARTISTIQUE.

« ARTISAN DE LA NATURE » COMME IL AIMAIT À LE SOULIGNER PENDANT LES VERNISSAGES**, RÉGINALD A MARQUÉ SON ÉPOQUE PAR SA TECHNIQUE MÉLANGEANT LES STYLES AVEC AISANCE.
PEU AMATEUR DE RENCONTRES EN PUBLIC, PRÉFÉRANT LA SIMPLICITÉ DE SON ATELIER, RÉGINALD A LONGTEMPS SIGNÉ SES ŒUVRES SOUS LE PSEUDONYME SINGULIER DE GURO REMA. UN MOYEN DE RESTER DANS L'OMBRE ET DE LAISSER PARLER SON ART.
OK MAIS… QU'EST-CE QUI T'INTRIGUE DANS TOUT ÇA ?

BEAUCOUP D'ARTISTES MODERNES FONT ÇA. REGARDE AVEC RAF DUNK. ILS SE CACHENT DERRIÈRE DES MASQUES.
EH BIEN POUR UN ARTISTE AUSSI TALENTUEUX ET RECONNU, JE TROUVE ÉTRANGE DE SIGNER AVEC UN PSEUDO POUR RESTER... INCONNU.
ÇA DEVIENT N'IMPORTE QUOI, CETTE HISTOIRE ! DEPUIS QUAND ON VA AUSSI LOIN ?
C'EST VRAI, ZINEB, MAIS JE SUIS CURIEUX. J'A FAIT ENVOYER PAR MON FRÈRE UN MAIL À UN ANCIEN COPAIN DE CLASSE DE RÉGINALD AUX BEAUX-ARTS DE BREST.
ON FAIT ÇA PARCE QUE CETTE HISTOIRE DEVIENT INTÉRESSANTE. RÉGINALD MANCHET S'APPELAIT DONC AUSSI GURO REMA... ÉTRANGE...

LES ENFANTS VONT-ILS RÉSOUDRE LE MYSTÈRE ?

Pour le savoir, pose et effectue les opérations suivantes.

```
      6 2 3      5 4 3 6 | 6
  ×     8 9              |------
  ---------              |
    - - - -              |
  - - - - -              |
  ---------              |
  - - - - -              |
```

Si tu as trouvé 55 447 et 852

→ Va au n° 25.

Si tu as trouvé 49 407 et 906

→ Va au n° 26.

Si tu as trouvé 55 447 et 906

→ Va au n° 27.

mémo 10 mémo 11

22

C'est faux… Révise les homophones grammaticaux dans le mémo n°5.

→ Refais l'exercice du n° 27.

23

Non, tu t'es trompé(e). Relis le mémo n°5 sur les homophones grammaticaux.

→ Retourne à l'exercice du n° 27.

JE NE SUIS PAS LOIN DU TABLEAU ET LE HALL D'ENTRÉE EST UNE SALLE PRESQUE FERMÉE.
24
LA DISTANCE EST PARFAITE POUR ME PROJETER AVEC LE SENSU 6 !

QUI ES-TU ?
OÙ TE CACHES-TU ?

QU'EST-CE QUE...

C'EST ELLE ! C'EST LA MÊME ÉNERGIE QUE J'AVAIS SENTIE À LA MÉDIATHÈQUE ! LE VOLEUR EST UNE FILLE !

HORS DE QUESTION QUE TU M'ÉCHAPPES CETTE FOIS-CI !
TCHAC TCHAC TCHAC !
HEIN ?

VITE ! À L'ENTRÉE !
NE LAISSEZ PAS L'INTRUS S'ÉCHAPPER ! CE NE SONT QUE DES PÉTARDS...
POLICE
UNE DIVERSION ! FORCÉMENT...
C'EST VRAIMENT ÉTRANGE, CETTE HISTOIRE DE PÉTARDS. ET SI... C'ÉTAIT...
POLICE

POC!

BOOOOOM

QUE SE PASSE-T-IL ?

Tu veux savoir si Emma est près du but ? Relie chaque nombre décimal à la fraction qui lui est égale. Celui qui n'a pas d'équivalent correspond au nombre de mètres qui séparent Emma de la voleuse.

3,5 •	• $\frac{305}{100}$
3,05 •	• $\frac{350}{100}$
35 •	• $\frac{35}{100}$
0,35 •	

Si tu as trouvé 0,35 → Va au n° 28.
Si tu as trouvé 35 → Va au n° 30.
Si tu as trouvé 3,05 → Va au n° 29.

mémo 8

25

Tu t'es trompé(e) sur la division, révise le mémo n° 11.

→ Retourne à l'exercice du n° 21.

26

Le résultat de ta multiplication est faux.

Aide-toi du mémo n° 10.

→ Refais l'exercice du n° 21.

27
CETTE AFFAIRE NOUS DÉPASSE, EMMA. RÉGINALD MANCHET EST QUELQU'UN DE TRÈS CONNU.
BON, LA CLÉ DE CE MYSTÈRE, CE SONT LES TROIS TABLEAUX. IL FAUT QU'ON DÉCOUVRE PAR QUOI ILS SONT LIÉS...
JE SAIS QUE NOUS SOMMES CAPABLES DE RÉSOUDRE CE MYSTÈRE !
ON NE PEUT RIEN FAIRE, EMMA, MÊME AVEC TON POUVOIR...
ET JE VAIS COMMENCER PAR DÉCOUVRIR L'IDENTITÉ DU VOLEUR CET APRÈS-MIDI.

EMMA ! TU AS PROMIS À NOS MAMANS QUE TU RESTAIS AVEC MOI ! TU VAS FINIR PAR NOUS CRÉER DES PROBLÈMES À TOUTES LES DEUX.
EMMA...

JE VOUS PROMETS D'ÊTRE DE RETOUR AVANT LE DÎNER, D'ICI DEUX HEURES ! JE SAIS QUE JE PEUX DÉCOUVRIR L'IDENTITÉ DU VOLEUR. IL NE M'ÉCHAPPERA PAS !

ÉTAPE 1 : TROUVER LE TABLEAU, ÉTAPE 2...
... TROUVER UNE CACHETTE POUR OBSERVER !

PARFAIT.
DEPUIS CETTE CACHETTE, JE DEVRAIS POUVOIR OBSERVER TOUT LE MONDE.

LE PROBLÈME, C'EST QU'IL Y A BEAUCOUP DE MONDE DANS CE HALL...
COMMENT SAVOIR QUI EST LE VOLEUR ?
12/11/2023 16h19 CAMERA 3 HALL
ON SE FOCALISE SUR L'ENTRÉE PRINCIPALE !
AVEC TOUS CES POLICIERS EN CIVIL...
D'ORDINAIRE, C'EST LA MANIÈRE LA PLUS SIMPLE D'ENTRER...
POLICE
POLICE
POLICE

PERSONNE NE S'OCCUPE DU TABLEAU...
TOUJOURS RIEN...
BEAUCOUP DE MONDE POURTANT...
OH !
LE VOLEUR EST DANS LE HALL !

EMMA A-T-ELLE VRAIMENT TROUVÉ LE VOLEUR ?

Entoure les mots qui conviennent puis, relie-les dans l'ordre pour trouver le dessin mystère.

Emma est **là / la**, cachée derrière la statue. Les gens **son / sont** occupés à bavarder. Elle espère qu'**on / ont** ne la remarquera pas. **Ça / Sa** respiration **est / et** rapide. Elle doit rester discrète pour découvrir **où / ou** se cache le voleur. **Son / Sont** temps est compté, elle **c'est / sait** que **c'est / sait** le moment de rester concentrée **ou / où** elle risque de tout gâcher !

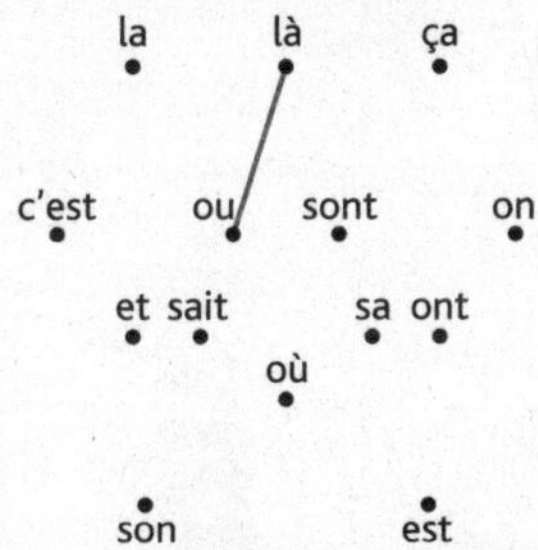

Si tu as dessiné une étoile → Va au n° 24.

Si tu as dessiné un cerf-volant → Va au n° 23.

Si tu as dessiné une montagne → Va au n° 22.

mémo 5

28

Non, ce n'est pas la bonne réponse. Révise le mémo n° 8 pour t'aider. → Retourne à l'exercice du n° 24.

29

Ce n'est pas la bonne réponse.

→ Refais l'exercice du n° 24.

30
EUH, C'EST UN EXERCICE ?
TOUT LE MONDE À L'INTÉRIEUR, DANS LE CALME ! LE TABLEAU EST VISÉ, C'EST SÛR !
ALLEZ, J'Y ÉTAIS PRESQUE... JE PEUX LA RETROUVER.
C'EST COMPLÈTEMENT ENFUMÉ ! ON N'Y VOIT RIEN, VÉRONICA.
TIENS, DÉJÀ LE DÉBUT DU SPECTACLE ?

JE VAIS POUSSER MON SENSU 6 ET TENTER QUELQUE CHOSE DE NOUVEAU...
WOOOOOOOOOF
WOOOOOOOOOOOOOOOF

JE... TE...
TIENS...

POLICE
DÉCLENCHEZ LA PROTECTION INCENDIE TOUT DE SUITE !
AÉREZ LE HALL, BON SANG !
LE TABLEAU VA ÊTRE VOLÉ !
POLICE

PLOC PLOC PLOC
SHUUUM

NOOOON !
JE LA TENAIS...
JE N'ÉTAIS QU'À QUELQUES CENTIMÈTRES...

VÉRONICA, NOUS TENONS LA VOLEUSE !
ON NE BOUGE PLUS, MADEMOISELLE !

POLICE
POLICE
EMMA RASME !
TU AS INTÉRÊT À AVOIR LA MEILLEURE EXCUSE DU MONDE !

Pourquoi Véronica est-elle très en colère ?

a. Parce qu'Emma a les cheveux mouillés.

b. Parce qu'Emma est la voleuse des tableaux.

c. Parce qu'Emma a compromis l'opération.

Recopie ta réponse : ....

C'est ton TROISIÈME INDICE **.**

Note-le sur ta page-indices, p. 189.
Maintenant → lis la suite au chapitre 4 page 111.

CHAPITRE 4
MENSONGES ET RÉVÉLATIONS

31

CES OISEAUX SONT MA VIE. JE NE SERAIS RIEN SANS EUX. CES VOLS… C'EST INSUPPORTABLE.
NOUS FAISONS TOUT NOTRE POSSIBLE POUR RETROUVER VOS TABLEAUX, SOYEZ-EN CERTAIN. N'EST-CE PAS, LIEUTENANTE RASME ?
VEUILLEZ ACCEPTER UNE NOUVELLE FOIS NOS EXCUSES.
JE N'EN DOUTE PAS. CELA DIT, C'EST DE MA PASSION POUR LA PEINTURE DONT JE VOUS PARLE. DE MON HISTOIRE. J'ESPÈRE QUE VOUS LE COMPRENEZ.

J'AVAIS BEAU Y METTRE TOUT MON CŒUR, RIEN N'Y FAISAIT. PERSONNE NE REMARQUAIT MON ART.
JE N'ÉTAIS PAS LE MEILLEUR À L'ÉCOLE, LOIN DE LÀ. JE DEVAIS TOUJOURS TRAVAILLER PLUS QUE LES AUTRES.
J'AI DÉCIDÉ DE PRENDRE UN PSEUDONYME. À L'ÉPOQUE, JE NE M'EN ÉTAIS PAS RENDU COMPTE, MAIS C'ÉTAIT POUR ME CACHER ET, QU'ENFIN, MON ART PARLE POUR MOI.
MALGRÉ CE TERRIBLE CONSTAT, J'AI CONTINUÉ À PEINDRE DES OISEAUX DE MER, À ME CONCENTRER SUR MA PASSION, SUR CE QUE JE SAVAIS FAIRE.
JE ME SUIS LANCÉ DANS CE QUE JE PENSE ÊTRE MON CHEF-D'ŒUVRE : « LES FOUS DE BASSAN ».
MES TABLEAUX SONT MA VIE... JE VOUS DONNE DEUX JOURS POUR LES RETROUVER OU JE PORTE PLAINTE CONTRE LA VILLE.
MON NOM N'ÉTANT PLUS MENTIONNÉ, MON STYLE S'EST LIBÉRÉ. ET, PARADOXALEMENT, C'EST LÀ QUE J'AI COMMENCÉ À AVOIR DU SUCCÈS.

NOUS AVANÇONS, MADAME. NOUS AVONS UNE PISTE SÉRIEUSE.
LÀ SITUATION EST CLAIRE, LIEUTENANTE. NOUS AVONS DEUX JOURS.
NOUS AVONS UNE SÉRIE D'EMPREINTES DIGITALES PARTIELLES QUE LE LABORATOIRE ANALYSE EN CE MOMENT...
IL SERAIT TEMPS, LIEUTENANTE.
TENEZ-MOI INFORMÉE DÈS QUE VOUS AVEZ UN NOM !
POLICE

JE SUIS DÉSOLÉE, MAMAN...

HEIN ? UN PORTABLE ?
CX12
ET MOI, JE SUIS DÉÇUE D'EN ARRIVER LÀ.
JE TE LE PRÊTE, C'EST TEMPORAIRE ET CE N'EST PAS UN CADEAU. C'EST LE SEUL MOYEN POUR MOI DE SAVOIR OÙ TU TE TROUVES SANS QUE TU COMPROMETTES MON TRAVAIL.
J'AI RÉUSSI À JUSTIFIER TA PRÉSENCE SUR UNE OPÉRATION DE POLICE, MAIS C'EST LA DERNIÈRE FOIS QUE ÇA ARRIVE.

INTERDIT DE L'UTILISER À L'ÉCOLE. IL A ÉTÉ CONFIGURÉ POUR QUE JE SACHE EXACTEMENT OÙ TU TE TROUVES. JE PEUX VÉRIFIER SUR LE MIEN.
SI CE N'EST PAS TOI QUI RÉPONDS OU SI JE CONSTATE QUE TU ME MENS SUR L'ENDROIT OÙ TU ES, FINIES LES SOIRÉES PYJAMA ET FINI LE SENSU 6 !
ET JE T'APPELLERAI RÉGULIÈREMENT.
OUF, JE M'ATTENDAIS À PIRE...

JE SAIS QUE LE VOLEUR EST UNE FILLE DE MON ÂGE !
MON AFFAIRE AVANCE ! JE TOUCHE AU BUT. JE VAIS RÉUSSIR À RÉSOUDRE CE MYSTÈRE.

EMMA VA-T-ELLE DÉCOUVRIR D'AUTRES INDICES ?

Complète la grille en conjuguant les verbes à l'imparfait. Puis assemble les lettres des cases grises pour compléter la phrase.

1 : faire → nous	5 : suspecter → vous ....
2 : disparaître → tu	6 : être → vous ....
3 : crier → vous	7 : avoir → il ....
4 : peindre → elles	8 : enquêter → j' ....

« Il faut que vous .... ce voleur ! »

Si tu as trouvé « arrêtiez » → Va au n° 37.

Si tu as trouvé « trouviez » → Va au n° 39.

Si tu as trouvé « punissiez » → Va au n° 40.

mémo 4

32

Ce n'est pas la bonne réponse. → Refais l'exercice du n° 34.

33

Tu t'es trompé(e). → Retourne à l'exercice du n° 39.

34
JE COMPRENDS MIEUX MAINTENANT. POUR VOLER LES TABLEAUX, CETTE FILLE DOIT ÊTRE SOUPLE, AGILE ET ENTRAÎNÉE.

DANS LA MÉDIATHÈQUE, ELLE S'EST ÉCHAPPÉE SANS PROBLÈME PAR LA FENÊTRE. SON CORPS ÉTAIT ASSEZ PUISSANT ET AGILE POUR PERMETTRE CE SAUT.
ELLE CONNAÎT L'ÉCOLE. ELLE DOIT ÊTRE RAPIDE ET PRÉCISE DANS SES GESTES POUR L'AVOIR FAIT SOUS LE NEZ DU GARDIEN.
CETTE FILLE S'ÉTAIT PRÉPARÉE DEPUIS LONGTEMPS À VOLER LES TABLEAUX...
AU THÉÂTRE, ELLE A DÛ RESTER LONGTEMPS SANS BOUGER SOUS L'ESCALIER POUR NE PAS ÊTRE REPÉRÉE.

VOILÀ, VOUS SAVEZ TOUT DE MA DÉCOUVERTE.
À MOI DE JOUER MAINTENANT. JE VAIS RECOUPER TOUTES LES INFORMATIONS ET TROUVER LA VOLEUSE.
NON... J'ÉTAIS TELLEMENT CONTENTE DE MAÎTRISER MON POUVOIR DE CETTE MANIÈRE QUE J'AI OUBLIÉ !
EMMA, TU N'AS PAS PENSÉ À ESSAYER DE REPÉRER LA VOLEUSE AVEC TON SENSU 6 DANS LE GYMNASE !
INCROYABLE... LA VOLEUSE ÉTAIT PEUT-ÊTRE JUSTE À CÔTÉ DE TOI !

LA LISTE
DES ÉLÈVES...
VOYONS
LES PHOTOS DE
CLASSE...
LA LISTE DE
LA MÉDIATHÈQUE...
ET VOILÀ
LE TRAVAIL...
Anaïs
Lucie
Imane
FAIRE LE LIEN ENTRE
L'ÉCOLE, LA MÉDIATHÈQUE
ET LE GYMNASE.

TOUTES LES TROIS SONT EN CLASSE DE CM2, FONT DE LA GYMNASTIQUE ET POSSÈDENT UNE CARTE DE MÉDIATHÈQUE.
J'AI RÉDUIT LA LISTE DES SUSPECTES À TROIS NOMS ! ET PARMI EUX SE TROUVE CELUI DE NOTRE VOLEUSE.
CE N'EST PAS AUSSI SIMPLE, EMMA. IL NOUS FAUT DES PREUVES DU VOL, SINON QUI VA NOUS CROIRE ? IL FAUT TROUVER OÙ SONT CACHÉS LES TABLEAUX.
PARFAIT ! JE N'AI PLUS QU'À LES SUIVRE AVEC MON SENSU 6 ET... HOP ! AFFAIRE RÉSOLUE !
ALLEZ, CHACUN DE NOUS SUIT UNE SUSPECTE. REVENONS À DES TECHNIQUES D'ESPIONNAGE TRADITIONNELLES !
...

SUSPECTE N° 1 : LUCIE.
IL M'EST ARRIVÉ QUELQUE CHOSE DE FOU !
TU NE VAS PAS ME CROIRE !
MA BELLE-MÈRE M'A OFFERT UN COURS DE DESSIN POUR MON ANNIVERSAIRE. MOI QUI DÉTESTE L'ART !
BON, CE N'EST PAS ELLE.
Anaïs
Imane

AH, INTÉRESSANT,
UNE ARTISTE...

Relie chaque pronom souligné au(x) personnage(s) de l'histoire qu'il représente. Quel groupe nominal n'est relié à aucun pronom ?

Elles sont au nombre de trois. •		• Zineb
Elle a établi une liste de suspectes. •		• Les suspectes
Emma, Zined et Keylian décident de les suivre individuellement. •		• La voleuse

Si tu as répondu « Zineb » → Va au n° 41.
Si tu as répondu « Les suspectes » → Va au n° 32.
Si tu as répondu « La voleuse » → Va au n° 42.

mémo 2

35

Ce n'est pas la bonne réponse.
→ Retourne à l'exercice du n° 39.

36

C'est faux, lis le mémo n° 14 pour t'aider.
→ Retourne à l'exercice du n° 39.

37

C'est faux... Tu peux réviser la conjugaison de l'imparfait.
→ Refais l'exercice du n° 31.

38

Tu as fait une erreur. Regarde la frise chronologique dans le mémo n°14 pour t'aider. → Retourne à l'exercice du n° 39.

39
QUI SAIT SE DÉPLACER AUSSI DISCRÈTEMENT QU'UN CHAT...
DONC C'EST UNE FILLE QUI A NOTRE ÂGE.
LE PROFIL DE NOTRE SUSPECTE S'AFFINE.
QUI FRÉQUENTE DES LIEUX COMME LA MÉDIATHÈQUE ET LE THÉÂTRE.

ET DONC, LA GRANDE QUESTION : QUE NOUS DISENT CES INFORMATIONS ?
VOUS CROYEZ QU'ELLE EST DANS NOTRE ÉCOLE ?
HUM...

BON, COMME D'HABITUDE, JE VAIS VOUS SUIVRE.
JE NE VOIS QU'UNE SOLUTION POUR LE SAVOIR.
TU VAS DEVOIR UTILISER LE SENSU 6, EMMA. ON NE PEUT PAS FAIRE AUTREMENT.
!

TU VAS DEVOIR MAÎTRISER TON POUVOIR, EMMA. AGIR SECRÈTEMENT ET CALMEMENT.
PRENDS LE TEMPS DE TOUT RESSENTIR AUTOUR DE TOI.
DE VISUALISER CHAQUE LIEU ET CHAQUE PERSONNE.
RETOURNE SUR LES LIEUX DES VOLS...

LIBÈRE TON POUVOIR, LAISSE-LE TE GUIDER.
LES SUSPECTS REVIENNENT TOUJOURS SUR LES LIEUX DU CRIME.

Gymnase Cléopâtre Darieux
MAIS OUI BIEN SÛR ! LE GYMNASE ! LA VOLEUSE EST UNE SPORTIVE, C'EST LOGIQUE.

Relie chaque événement à la période de l'histoire qui lui correspond. Ensuite, barre la période qui n'est reliée à aucun de ces événements.

Préhistoire	Antiquité	Moyen Âge	Temps Modernes	Époque contemporaine
•	•	•	•	•
Fresque des grottes de Lascaux	Règne de Louis XIV	Premiers Jeux olympiques en Grèce	*La Joconde*, de Léonard de Vinci	Premiers Jeux paralympiques à Rome

Si tu as barré la Préhistoire → Va au n° 33.

Si tu as barré l'Antiquité → Va au n° 36.

Si tu as barré le Moyen Âge → Va au n° 34.

Si tu as barré les Temps modernes → Va au n° 35.

Si tu as barré l'Époque contemporaine → Va au n° 38.

mémo 14

40

Non, tu t'es trompé(e). Relis le mémo n° 4 pour t'aider. → Retourne à l'exercice du n° 31.

41

Non, ce n'est pas la bonne réponse. Révise le mémo n° 2 pour t'aider. → Recommence l'exercice du n° 34.

42
OUI, ON EST DES ARTISTES DANS LA FAMILLE ! MA MÈRE PEINT BEAUCOUP.
J'AIMERAIS BIEN ÊTRE AUSSI DOUÉE QU'ELLE ! JE PRENDS DES COURS À LA MÉDIATHÈQUE AVEC UN VIEUX PEINTRE, MAIS CE N'EST PAS GAGNÉ.

NON, NON, NON ! TU APPUIES TROP SUR LE PINCEAU, IMANE. SOIS PLUS LÉGÈRE, RESSENS TON TABLEAU !
HI HI !
ON DIRAIT LE MONSIEUR QUI PEINT CES HORRIBLES OISEAUX DE MER.
PFFF ! CE N'EST PAS ELLE.

C'EST ELLE, J'EN SUIS SÛRE...
TU ES ENCORE AVEC TON LIVRE, SEULE SUR UN BANC.
VÉRIFICATION...
CE SERAIT BIEN POUR TOI QUE TU TE FASSES DES AMIS, TU SAIS.
MAIS... CE LIVRE PARLE DE L'HISTOIRE DE LA PEINTURE CONTEMPORAINE ET ÇA ME PASSIONNE...
BON... C'EST SÛREMENT ELLE ! IL VA FALLOIR LE PROUVER, MAINTENANT.

EMMAAAAAA !
EMMA… PFFF … JE… KEYLIAN… PFFF…

IL FAUT LE REJOINDRE TOUT DE SUITE EN SALLE INFORMATIQUE !
KEYLIAN... A... DE NOUVELLES... INFORMATIONS...
OHÉ ! EMMA ?
HUM...

EMMA, ZINEB, QU'EST-CE QUE VOUS FAITES... DERRIÈRE LE BANC ?
AH, EUH... BONJOUR MADAME ! JE NE VOUS AVAIS PAS VUE...
OH, EUH, RIEN... RIEN DU TOUT !

ALORS VOILÀ, L'ANCIEN CAMARADE DE CLASSE DE RÉGINALD MANCHET A RÉPONDU AU MAIL QU'ON A ENVOYÉ, MON FRÈRE ET MOI.

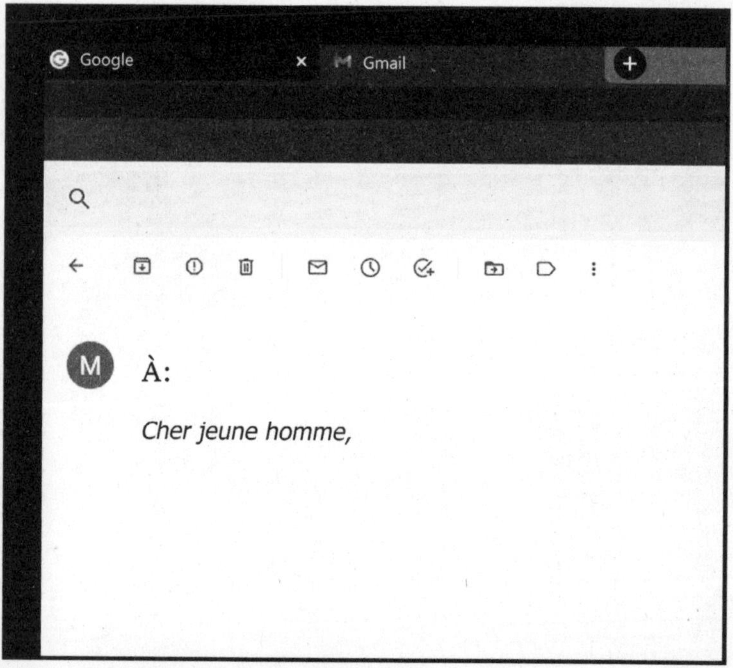
Google
Gmail
À:
Cher jeune homme,

MERCI D'AVOIR PRIS CONTACT AVEC MOI. C'EST UNE BIEN ÉTRANGE HISTOIRE QUE CELLE QUE VOUS M'AVEZ RACONTÉE.
J'AI EFFECTIVEMENT CÔTOYÉ RÉGINALD MANCHET DURANT NOS ANNÉES AUX BEAUX-ARTS DE BREST. JE LE CONNAIS ASSEZ POUR SAVOIR UNE CHOSE : IL N'EST PAS CELUI QU'IL PRÉTEND ÊTRE...
MAIS JE NE SUIS PAS SURPRIS PAR CE RÉCIT QUI RAVIVE PLUSIEURS MYSTÈRES QUI PEUPLENT MES SOUVENIRS.

QUEL SECRET RÉGINALD MANCHET CACHE-T-IL ?

Quelle est la passion d'Anaïs qui confirme à Emma qu'elle a bien trouvé la coupable ?

a. L'ornithologie
b. La peinture contemporaine
c. La photographie

Écris ta réponse : ....

C'est ton QUATRIÈME INDICE .

Note-le sur ta page-indices, p. 189.
Maintenant → lis la suite au chapitre 5 page 147.

CHAPITRE 5
LE PEINTRE SANS TALENT

43

CE MONSIEUR MANCHET NOUS CACHE QUELQUE CHOSE…
VOILÀ ! JE LE SENS ! ON S'APPROCHE D'UNE PISTE !
JE N'AI PAS FINI DE LIRE LE MAIL, EMMA.
C'EST DOMMAGE QUE NOUS NE PUISSIONS PAS L'APPROCHER POUR LE QUESTIONNER. MAIS CE SERAIT TROP BIZARRE.

QUELQUES ANNÉES APRÈS NOS ÉTUDES, RÉGINALD A RÉVÉLÉ ÊTRE LE CÉLÈBRE GURO REMA. PERSONNE NE L'IMAGINAIT CAPABLE D'UN TALENT PAREIL. ENSUITE, IL N'A RIEN FAIT DE NOTABLE JUSQU'À SA DERNIÈRE ŒUVRE, LE TRIPTYQUE DES « FOUS DE BASSAN ».
CE COUP DE GÉNIE RESTE UN VRAI MYSTÈRE QUE JE N'AI JAMAIS RÉUSSI À PERCER. GUSTAVE ÉTAIT BIEN MEILLEUR QUE SON AMI… EN ESPÉRANT VOUS AVOIR AIDÉ DANS VOS RECHERCHES POUR VOTRE EXPOSÉ, BIEN À VOUS, MARCEL CHAMPION.
EH BIEN, VOILÀ UNE NOUVELLE PIÈCE DU PUZZLE… ET PAS LA MOINDRE !
UN PEINTRE AU PASSÉ OBSCUR QUI SE FAIT VOLER SON CÉLÈBRE TRIPTYQUE PAR UNE ENFANT. ON DIRAIT UNE ÉNIGME INSOLUBLE…
ET LA SEULE PERSONNE QUI NOUS APPORTERA DES RÉPONSES, C'EST LA VOLEUSE ELLE-MÊME : ANAÏS…

AH OUI ? ET LES PREUVES, ELLE NOUS LES AURAIT DONNÉES DIRECTEMENT AUSSI ?
ON POUVAIT LE LUI DEMANDER DIRECTEMENT !
C'EST UN MAUVAIS PLAN, EMMA.
ÇA VA MAL FINIR...
BON, JE VAIS ENTRER DANS LE JARDIN ET M'APPROCHER DE LA FENÊTRE DU SALON.
JE VAIS JUSTE VOIR UN TRUC DANS LE CABANON, MAMAN !
GRRR ! MAIS POURQUOI ELLE SORT MAINTENANT ?

ET SI LES TABLEAUX ÉTAIENT LÀ-DEDANS ? JE SENS UNE DRÔLE D'ÉNERGIE...
ANAÏS EST DEHORS, ON VA DEVOIR ATTENDRE.
ALLEZ, UN PEU DE COURAGE, ON Y VA !
ZRRRRRR ZRRRRRRRR ZRRRRRRRRR
ANAÏS VA DANS LE CABANON, LES TABLEAUX Y SONT CACHÉS ! ALLONS-Y !
EMMA...
C'EST HYPER RISQUÉ, TON IDÉE !

EUH… COUCOU MAMAN ! BAH, JE SUIS AVEC MES AMIS !
JE PEUX SAVOIR CE QUE TU FAIS, EMMA ?
AH OUI ? MOI ?
EMMA, SELON MA NOTIFICATION DE GPS, TU ES À UN ENDROIT OÙ TU NE DEVRAIS PAS ÊTRE…
MAIS… QU'EST-CE QUE VOUS FAITES ICI ? VOUS M'ESPIONNEZ ?
EMMA ! NE BOUGE SURTOUT PAS ! J'ARRIVE !

JE... EUH... JE N'AI RIEN FAIT DE MAL...
NOUS SAVONS CE QUE TU AS FAIT, ANAÏS !
MAIS... POURQUOI ?
ANAÏS, TU AS VOLÉ LES TABLEAUX DE RÉGINALD MANCHET.
J'AI UNE BONNE RAISON...

C'EST UNE TRÈS LONGUE HISTOIRE, MAIS CE N'EST PAS CE QUE VOUS IMAGINEZ. JE N'AI PAS VOLÉ LES TABLEAUX POUR DE L'ARGENT...
JE VEUX RÉHABILITER LA MÉMOIRE DE MON GRAND-PÈRE...
... GUSTAVE ROANER !

QUE VA LEUR RÉVÉLER ANAÏS ?

Pour découvrir qui est Gustave Roaner, résous l'énigme suivante. Colorie d'une même couleur les cases contenant des nombres égaux. Le nombre restant correspond au mot secret que tu dois déchiffrer avec le codage suivant.

0	1	2	3	4	5	6	7	8	9
N	L	P	S	E	R	I	U	T	O

2 460 854	$5 \times 1\,000\,000 + 4 \times 100\,000 + 2 \times 10\,000 + 4 \times 1\,000 + 8 \times 10 + 6$
4 325 683	$2\,000\,000 + 400\,000 + 60\,000 + 8\,000 + 500 + 4$
5 424 086	$4\,000\,000 + 300\,000 + 20\,000 + 6\,000 + 500 + 30 + 8$
2 468 504	$4 \times 1\,000\,000 + 3 \times 100\,000 + 2 \times 10\,000 + 5 \times 1\,000 + 6 \times 100 + 8 \times 10 + 3$
4 326 538	

Si tu as trouvé **repenti** ➜ Va au n° 47.
Si tu as trouvé **esprits** ➜ Va au n° 48.
Si tu as trouvé **peintre** ➜ Va au n° 49.

mémo 9

44

C'est faux, tu peux réviser le mémo n° 6 pour t'aider.

➜ Retourne à l'exercice du n° 49.

45

Ce n'est pas la bonne réponse. Relis le mémo n° 6.

➜ Retourne à l'exercice du n° 49.

46
MA FILLE ANAÏS ET TROIS AUTRES ENFANTS QUE JE NE CONNAIS PAS. JE VOUS ASSURE QUE JE NE ME DOUTAIS DE RIEN...
ILS ÉTAIENT TOUS LES QUATRE ICI, AVEC LES TABLEAUX !
POLICE
POLICE
POLICE
VOTRE FILLE A ÉTÉ VUE PAR LES CAMÉRAS DE SURVEILLANCE DU THÉÂTRE PENDANT LE DERNIER VOL. LES TROIS TABLEAUX ONT L'AIR ENDOMMAGÉ...
AH OUI ? RACONTEZ-MOI ÇA...
POLICE
MA FILLE EST INDÉPENDANTE ET OBSTINÉE. ELLE EST TRÈS ATTACHÉE À UNE VIEILLE LÉGENDE FAMILIALE...

ÇA DOIT ÊTRE LA PROCHAINE RUE...
LE VIEUX PARC...
ON EXPLORE LES MAISONS ?
POUR UN ATELIER SECRET, C'EST PARFAIT !

OUI MADAME LA MAIRE, NOUS AVONS BIEN REPRIS POSSESSION DES TABLEAUX. UN EXPERT VIENT DE VÉRIFIER LEUR AUTHENTICITÉ.
POLICE
MAIS NOUS AVONS UN AUTRE PROBLÈME, MADAME.
POLICE
POLICE
POURRIEZ-VOUS ME REJOINDRE À L'ADRESSE QUE JE VOUS FAIS SUIVRE, EN PRÉSENCE DE RÉGINALD MANCHET ?

ALORS… C'EST À NOTRE TOUR DE PARTAGER UN SECRET À PROPOS D'EMMA…
MAIS COMMENT ON VA SAVOIR QUEL EST LE SECRET DE MON GRAND-PÈRE ?

HUUUMMMM
CE QUE L'ON CHERCHE EST DANS LE CELLIER DERRIÈRE LA CHAMBRE. IL S'EN DÉGAGE LA MÊME ÉNERGIE QUE SUR LES TABLEAUX !

ON NE BOUGE PLUS !
LES ENFANTS ! EMMA !
QU'EST-CE QUE...
MAMAN... ON A UNE HISTOIRE À TE RACONTER...

CE SONT LES TABLEAUX SECRETS DE GUSTAVE ROANER, LE VÉRITABLE AUTEUR DU TRIPTYQUE DES « FOUS DE BASSAN »...
EMMA, TU ME DOIS UNE EXPLICATION...
GUSTAVE POSSÉDAIT UN ATELIER SECRET...
VÉRONICA ! QUE SE PASSE-T-IL ?
BONJOUR MONSIEUR MANCHET...

VOUS NOUS DEVEZ QUELQUES EXPLICATIONS, MONSIEUR MANCHET…
EH BIEN… C'EST UNE LONGUE HISTOIRE, MAIS JE CROIS QUE VOUS CONNAISSEZ L'ESSENTIEL, MAINTENANT.
ET PUIS J'ÉTAIS JALOUX DE SON GÉNIE…
NOUS ÉTIONS TRÈS AMIS AVEC GUSTAVE, MAIS TRÈS DIFFÉRENTS AUSSI…

RÉGINALD MANCHET VA-T-IL LEUR DONNER DES EXPLICATIONS ?

Emma a utilisé son Sensu 6 pour :

a. maintenir Véronica loin de la maison.

b. trouver dans quelle maison Gustave Roaner a caché son secret.

c. trouver la cachette de Gustave Roaner dans l'atelier.

Écris ta réponse : ....

C'est ton **CINQUIÈME INDICE** **.**

Note-le sur ta page-indices, p. 189.
Maintenant ➜ lis la fin du manga au n° 50.

47

Tu t'es trompé(e). Révise la décomposition des grands nombres dans le mémo n° 9.

➜ Retourne à l'exercice du n° 43.

48

Ce n'est pas la bonne réponse. Tu peux réviser la décomposition des grands nombres dans le mémo n° 9.

➜ Refais l'exercice du n° 43.

MON GRAND-PÈRE GUSTAVE S'ÉTAIT LIÉ D'AMITIÉ AVEC RÉGINALD PENDANT LEURS ÉTUDES D'ART. ILS S'ENTENDAIENT À MERVEILLE. GUSTAVE ÉTAIT TIMIDE. RÉGINALD, JOYEUX ET BEAU PARLEUR.
49
MAIS TANDIS QUE GUSTAVE DEVENAIT UN GÉNIE DU PINCEAU, RÉGINALD S'IMPOSAIT COMME UN HOMME DE SALON, PRÉFÉRANT LES SOIRÉES À LA CRÉATION.
LES DEUX AMIS ONT ALORS IMAGINÉ UN PLAN SOUS L'IMPULSION DE L'AMBITIEUX RÉGINALD QUI SAVAIT QU'IL NE SERAIT JAMAIS UN GRAND PEINTRE.
GUSTAVE RÉALISERAIT LES TOILES DANS L'OMBRE DE L'ATELIER ET RÉGINALD SERAIT LE VISAGE D'UN ARTISTE À DEUX FACETTES : GURO REMA.

DURANT LES PREMIÈRES ANNÉES, GUSTAVE, PASSIONNÉ PAR SON ART, RESTAIT DES HEURES DANS SON ATELIER.
LA GLOIRE ET LA RENOMMÉE ARRIVÈRENT RAPIDEMENT GRÂCE AU TRAVAIL DE GUSTAVE ET À LA PERSONNALITÉ DE RÉGINALD.
RÉGINALD PROMOUVAIT L'ŒUVRE DE GURO REMA DANS LES GRANDS CERCLES ARTISTIQUES.
TROP OCCUPÉ PAR SON ART, MON GRAND-PÈRE A MIS PLUSIEURS ANNÉES AVANT DE SE RENDRE COMPTE DE LA SUPERCHERIE.
DE PLUS EN PLUS DEMANDÉ, RÉGINALD COMMENÇA À SIGNER EN SON NOM PROPRE ET À CHANGER DES ÉLÉMENTS SUR LES TABLEAUX AFIN D'ÊTRE VU COMME LE SEUL ARTISTE...

MAIS TROP TARD. IMPOSSIBLE POUR LUI DE FAIRE VALOIR SES DROITS. RÉGINALD AVAIT SI BIEN RÉUSSI SON AFFAIRE QUE PERSONNE NE L'AURAIT CRU.
FURIEUX DE CES MANIGANCES, RÉGINALD MENAÇA MON GRAND-PÈRE DE LE RÉDUIRE À NÉANT.
GUSTAVE SE MIT À PEINDRE DES TABLEAUX SECRETS MAGNIFIQUES ET À DONNER DES ŒUVRES PLUS MODESTES À RÉGINALD.
LES TROIS TABLEAUX FORMENT UNE CLÉ POUR DÉCHIFFRER LE CODE QUI EST SUR CETTE VIEILLE CARTE POSTALE...
GRAVEMENT MALADE, GUSTAVE PEIGNIT TROIS DERNIERS TABLEAUX UN PEU PARTICULIERS. TROIS OISEAUX DE MER RENFERMANT UN SECRET QUAND ON LES ASSEMBLE.

MA MÈRE N'A JAMAIS VOULU CROIRE CETTE HISTOIRE MAIS, MOI, JE VEUX ABSOLUMENT RÉVÉLER LA SUPERCHERIE !
ET TU N'AS PAS RÉUSSI À DÉCRYPTER LE CODE ?
JE NE VEUX PAS VOUS EMBÊTER, MAIS SI ON VEUT AIDER ANAÏS, IL FAUT FAIRE VITE. TA MÈRE VA ARRIVER, EMMA !
JE NE PARVIENS PAS À ASSEMBLER LES TROIS TABLEAUX CORRECTEMENT POUR AVOIR LE CODE.

IL FAUT ASSEMBLER LES TABLEAUX DANS UN CERTAIN ORDRE, MAIS JE NE SAIS PAS LEQUEL.
ON A 5 MINUTES POUR RÉSOUDRE LE PROBLÈME.
À GAUCHE PLONGE LA LUMIÈRE POUR DEMAIN. AU CENTRE BRILLE LA LUMIÈRE AU-DESSUS. À DROITE S'ENVOLE LA LUMIÈRE D'HIER.
À MON AVIS, IL FAUT REPRENDRE LA CARTE POSTALE.
MERCI, SHERLOCK ! J'AVAIS COMPRIS !

C'EST PARTI ! ON COMMENCE PAR QUOI ?
ET SI ON LES METTAIT COMME ÇA ? LE TEXTE DIT « AU-DESSUS » ?
OUI, MAIS POURQUOI CELUI-LÀ ?
ET COMME ÇA ?
CE N'EST PAS MAL, MAIS JE NE VOIS RIEN APPARAÎTRE.
IL FAUT LES ASSEMBLER EN FONCTION DE LA LUMIÈRE !
OK, MAIS ON FAIT QUOI MAINTENANT ?
REGARDEZ BIEN LA LUMIÈRE ! JE CROIS QUE J'AI COMPRIS.
QUOI, LA LUMIÈRE ?
LE TEXTE INDIQUE COMMENT PLACER LES TABLEAUX !

ON RETOURNE LES TABLEAUX ? C'EST CE QU'ILS FONT DANS LES SÉRIES POLICIÈRES. LES MESSAGES CACHÉS, C'EST TOUJOURS DERRIÈRE LA TOILE.
NE T'EN FAIS PAS. CE N'EST QU'UNE PROTECTION. RIEN DE PLUS.
À MON AVIS, C'EST DERRIÈRE LA TOILE...
MAIS C'EST...

ET VOILÀ LE QUATRIÈME OISEAU !
MAIS AUSSI UNE NOUVELLE ÉNIGME...
ET UNE CROIX MARQUE L'EMPLACEMENT D'UN SECRET...
CE QUATRIÈME OISEAU REPRÉSENTE UNE VIEILLE CARTE DE LA VILLE !
CE DOIT ÊTRE L'ATELIER SECRET DE GUSTAVE DANS LA VILLE HISTORIQUE, DE L'AUTRE CÔTÉ DU THÉÂTRE !
C'ÉTAIT VRAIMENT NÉCESSAIRE DE PRENDRE TOUTES CES AFFAIRES DANS LE CABANON ?

LES ENFANTS VONT-ILS TROUVER L'ATELIER SECRET ?

Trouve la terminaison qui convient pour chaque verbe et colorie tes réponses dans le carré ci-dessous.

L'enquête a beaucoup progressé / progresser. Emma, Zineb et Keylian ont retrouvé / retrouver les tableaux mais le travail semble loin d'être terminé / terminer. Percé / Percer le secret laissé / laisser par le grand-père d'Anaïs va emmené / emmener nos héros vers de nouvelles aventures. Es-tu prêt(e) à les aidé / aider ?

aidé	terminé	laisser
emmené	aider	retrouver
progressé	percer	emmener
percé	laissé	aidé
terminer	retrouvé	progresser

Si tu vois une **CROIX** ➜ Va au n° 46.
Si tu vois une **ÉTOILE** ➜ Va au n° 45.
Si tu vois un **CARRÉ** ➜ Va au n° 44.

mémo 6

QUAND J'AI ADMIS QUE JE NE SERAIS JAMAIS UN BON PEINTRE, J'AI SOUHAITÉ AIDER MON AMI POUR QUE LE MONDE CONNAISSE SON TALENT MALGRÉ SA TIMIDITÉ.
GUSTAVE VENAIT SOUVENT ME CONSOLER DANS MES MOMENTS DE DÉCOURAGEMENT.
50
QUAND GUSTAVE A DÉCOUVERT MA TRAHISON, CELA LUI A BRISÉ LE CŒUR... MAIS JE NE M'EN SUIS RENDU COMPTE QUE TROP TARD...
MAIS LA GLOIRE EST UNE SOMBRE COMPAGNE. ELLE M'A FAIT TOURNER LA TÊTE.
J'AURAIS DÛ SAVOIR QUE LA DERNIÈRE ŒUVRE DE GUSTAVE SERAIT À LA HAUTEUR DE SON GÉNIE.

MONSIEUR MANCHET, JE VAIS DEVOIR VOUS EMMENER AU POSTE POUR PRENDRE VOTRE TÉMOIGNAGE ET PEUT-ÊTRE QUE LE PROCUREUR DE LA RÉPUBLIQUE VOUS APPELLERA.
POLICE
TOUT CECI EST FORT DÉSAGRÉABLE ET POURRAIT REMETTRE EN CAUSE NOTRE COLLABORATION, MONSIEUR MANCHET.
CE N'ÉTAIT PAS VRAIMENT LA FIN QUE J'IMAGINAIS...
JE COMPRENDS, JE ME DOUTAIS BIEN QUE CE JOUR ARRIVERAIT...
MONSIEUR MANCHET, J'AI PEUT-ÊTRE UNE IDÉE...

MONSIEUR MANCHET, SERIEZ-VOUS D'ACCORD POUR RECONNAÎTRE PUBLIQUEMENT MON GRAND-PÈRE COMME L'ARTISTE DE TALENT DERRIÈRE CES TOILES ?
ON DIRAIT QUE LES CHOSES S'ARRANGENT…
C'EST UN NOM CRÉÉ AVEC LES INITIALES ET LES NOMS DES DEUX PEINTRES.
TU N'AS PAS COMPRIS ?
ET SINON, LE PSEUDO DE RÉGINALD ET DE GUSTAVE VOULAIT DIRE QUELQUE CHOSE ?
EMMA, PAS SI VITE ! TU NE VAS PAS T'EN TIRER SI FACILEMENT…

MAMAN, POUR UNE FOIS QUE MON PLAN A FONCTIONNÉ… J'AI RÉUSSI MA PREMIÈRE ENQUÊTE. ÇA ME DONNE LE DROIT À UN BADGE « POLICE » ?
POLICE
POLICE
FIN

Mémo

POUR T'AIDER À FAIRE TES EXERCICES

Français Maths Histoire Sciences

Grammaire

1 Le verbe et le sujet

• Dans une phrase, le **sujet** indique qui fait l'action ou ce dont on parle dans la phrase.
Le **verbe** sert à exprimer une action ou à décrire un état.
Il se conjugue.

• **Pour identifier le verbe** dans une phrase, on peut changer le temps auquel il est conjugué.

Malgré la vigilance de la police, le voleur a dérobé un autre tableau.
→ *Malgré la vigilance de la police, le voleur dérobera un autre tableau.*
Le verbe est donc « a dérobé ».

• **Pour identifier le sujet** dans une phrase, on peut utiliser la question « Qui est-ce qui ? » ou « Qu'est-ce qui ? » avant le verbe.

Malgré la vigilance de la police, le voleur a dérobé un autre tableau.
→ « *Qui est-ce qui a dérobé un autre tableau ?* »
Réponse : le voleur.
Le sujet de la phrase est donc « le voleur ».

2 Les pronoms

• Un pronom est un mot qui remplace un nom ou un groupe nominal. Il désigne généralement quelqu'un ou quelque chose qui a déjà été cité dans une phrase précédente.

• Pour vérifier à qui ou à quoi renvoie un pronom dans une phrase, on cherche à quel groupe nominal il correspond.

Keylian découvre que Lucie déteste la peinture. Ce n'est pas elle la voleuse. Il est très déçu.
→ On pourrait écrire : *Ce n'est pas Lucie la voleuse. Keylian est très déçu.*

Conjugaison

3 Le présent de l'indicatif

	Bouger (1er groupe)	Appuyer (1er groupe)	Obéir (2e groupe)
je/j'	bouge	appuie	obéis
tu	bouges	appuies	obéis
il/elle/on	bouge	appuie	obéit
nous	bougeons	appuyons	obéissons
vous	bougez	appuyez	obéissez
ils/elles	bougent	appuient	obéissent

	Aller (3e groupe)	Devoir (3e groupe)	Recevoir (3e groupe)
je	vais	dois	reçois
tu	vas	dois	reçois
il/elle/on	va	doit	reçoit
nous	allons	devons	recevons
vous	allez	devez	recevez
ils/elles	vont	doivent	reçoivent

4 L'imparfait de l'indicatif

- Pour les trois groupes, les terminaisons de l'imparfait sont : **-ais, -ais, -ait, -ions, -iez, -aient.**

je/j'	dessinais	nous	réfléchissions
tu	allais	vous	peigniez
il/elle/on	paraissait	ils/elles	faisaient

- Pour trouver le radical du verbe auquel on ajoute la terminaison, il faut :
  – conjuguer le verbe au présent à la 1re personne du pluriel → **nous crions**
  – enlever la terminaison *-ons*, pour obtenir le radical → **cri**
- Pour conjuguer le verbe à l'imparfait, il reste à ajouter chaque terminaison au radical. → **je criais, vous criiez**

Orthographe

5 Différencier les homophones grammaticaux

Mot	Classe grammaticale	Comment le reconnaître ?
à	Préposition	Lorsqu'on met la phrase au passé, *a* devient *avait* mais *à* ne change pas. *À 12 h 00, elle* ***a*** *vu le voleur.* → ***À*** *12 h 00, elle* ***avait*** *vu le voleur.*
a	Verbe (*avoir*)	
ont	Verbe (*avoir*)	Lorsqu'on met la phrase au passé, *ont* devient *avaient* mais *on* ne change pas. ***On*** *ne sait pas ce qu'ils* ***ont*** *fait.* → ***On*** *ne savait pas ce qu'ils* ***avaient*** *fait.*
on	Pronom	
est	Verbe (*être*)	Lorsqu'on met la phrase au passé, *est* devient *était* mais *et* ne change pas. *Emma* ***est*** *cachée* ***et*** *attend.* → *Emma* ***était*** *cachée* ***et*** *attendait.*
et	Conjonction de coordination	
son	Déterminant	Lorsqu'on met la phrase au passé, *sont* devient *étaient* mais *son* ne change pas. *Les lecteurs* ***sont*** *captivés par Emma qui retient* ***son*** *souffle.* → *Les lecteurs* ***étaient*** *captivés par Emma qui retenait* ***son*** *souffle.*
sont	Verbe (*être*)	
la	Article ou pronom	On peut remplacer *là* par *ici*. ***La*** *maire n'est pas* ***là***. → ***La*** *maire n'est pas* ***ici***.
là	Adverbe	
ou	Conjonction de coordination	On peut remplacer *ou* par *ou bien*. *Là* ***où*** *elle est, Emma doit être discrète* ***ou*** *elle sera démasquée.* → *Là* ***où*** *elle est, Emma doit être discrète* ***ou bien*** *elle sera démasquée.*
où	Adverbe ou pronom	
sait	Verbe (*savoir*)	Lorsqu'on met la phrase au passé, *sait* devient *savait* et *c'est* devient *c'était*. *Elle* ***sait*** *que* ***c'est*** *impossible.* → *Elle* ***savait*** *que* ***c'était*** *impossible.*
c'est	Verbe (*être*)	
ça	Pronom	On peut remplacer ça par *cela*. ***Sa*** *mère ne pensait pas qu'elle était capable de* ***ça***. → ***Sa*** *mère ne pensait pas qu'elle était capable de* ***cela***.
sa	Déterminant	

6 Choisir entre *-é* et *-er*

Lorsqu'on entend « é » à la fin d'un verbe, pour savoir s'il faut écrire *-é* ou *-er*, on peut remplacer ce verbe par un autre verbe du 2e ou du 3e groupe.
Si cette modification exige le verbe à l'infinitif, on écrit l'infinitif *(-er)*, sinon on utilise le participe passé *(-é)*.

Keylian a bien jou... au basket, il va rentr... prendre son goûter.
→ *Keylian a bien couru au basket, il va courir prendre son goûter.*
→ *Keylian a bien joué au basket, il va rentrer prendre son goûter.*

Nombres

7 Écrire des nombres en chiffres et en lettres

• **Pour écrire un nombre en chiffres**, on rassemble les chiffres par groupes de 3. Les unités simples sont placées à droite des milliers.

Deux-cent-soixante-sept-mille-cinq-cent-quatre-vingt-douze s'écrit 267 592.

milliers			unités simples		
C	D	U	C	D	U
2	6	7	5	9	2

• **Pour écrire un nombre en lettres**, on doit placer un trait d'union entre chaque mot.

Le mot « mille » est invariable.

« Cent » et « vingt » prennent un « s » au pluriel lorsqu'ils sont multipliés et placés à la fin du nombre écrit en lettres.

dix-huit-mille
trois-mille-quatre-cents
quatre-mille-cinq-cent-vingt
cent-trois-mille-sept-cent-quatre-vingts
deux-cent-cinquante-trois-mille-huit-cent-quatre-vingt-seize

8 Fractions décimales et nombres décimaux

• Une fraction décimale est une fraction **dont le dénominateur est égal à 10, 100, 1 000...**

$\frac{2}{10}$ → *deux dixièmes*

• On peut écrire cette fraction **sous la forme d'un nombre décimal** (nombre à virgule). La virgule sépare la partie entière de la partie décimale.

Les unités entières se placent à gauche de la virgule. La partie décimale se place à droite.

centaines	dizaines	unités	dixièmes	centièmes
		2	,7	6

$\frac{276}{100} = 2,76$

9 Décomposer des grands nombres

Pour décomposer un nombre, on compte **les millions, les milliers, les unités simples.**

2 486 391 c'est :

2 000 000 + 400 000 + 80 000 + 6 000 + 300 + 90 + 1

2 × 1 000 000 + 4 × 100 000 + 8 × 10 000 + 6 × 1 000 + 3 × 100 + 9 × 10 + 1

Calcul

10 La multiplication

Poser une multiplication

Pour poser une multiplication comme 3 724 x 56, on se souvient que multiplier un nombre par 56, cela revient :

– à multiplier ce nombre par 6 d'une part,

– par 50 d'autre part,

– puis à additionner les deux résultats.

```
            2 1 4
            2 1 3
    3 7 2 4
  ×     5 6
 ----------
  2 2 3 4 4   → 3 724 × 6
+ 1 8 6 2 0 0 → 3 724 × 50
 ----------
  2 0 8 5 4 4
```

① On commence par calculer 3 724 × 6 = 22 344.

② Il faut ensuite calculer 3 724 × 50. Pour cela, on va calculer 3 724 × 5 puis on va multiplier le résultat par 10.

3 724 × 5 = 18 620

18 620 × 10 = 186 200

③ On additionne ensuite les deux nombres pour trouver le résultat de la multiplication.

3 724 × 56 = 22 344 + 186 200 = 208 544

11 La division

```
                      diviseur
                         ↓
dividende → 5 9 8 7 | 6
           - 5 4    |-------
             5 8    | 9 9 7 ← quotient
            - 5 4   |
               4 7  |
              - 4 2 |
reste →          5  |
```

① Pour savoir combien il y aura de chiffres au quotient, on regarde le chiffre le plus à gauche du dividende.
Si ce chiffre est plus grand que le diviseur, le quotient aura le même nombre de chiffres que le dividende.
Sinon, il en aura un de moins.
Ici, $5 < 6$ donc il y aura 3 chiffres au quotient.
② Comme il n'y a pas de chiffre des milliers dans le quotient, on commence donc par diviser les centaines.
Dans 59, on peut mettre $9 \times 6 = 54$.
On enlève donc 54 centaines au dividende.
Il en reste 5.
③ On travaille ensuite sur les 58 dizaines restantes.
Dans 58, on peut mettre $9 \times 6 = 54$.
On enlève donc 54 dizaines au dividende.
Il en reste 4.
④ On travaille maintenant sur les 47 unités restantes.
Dans 47, on peut mettre $7 \times 6 = 42$.
On enlève donc 42 unités au dividende.
Il en reste 5.
Le calcul est terminé.
⑤ Le quotient est 997 et le reste 5.
On peut écrire : $5\ 987 = 6 \times 997 + 5$

Grandeurs et mesures

12 Calcul de durées

- Une durée représente le temps qui s'écoule entre le début et la fin d'un événement.

- Les durées peuvent être exprimées en jours, en heures, en minutes, en secondes…

1 jour = 24 heures   1 heure = 60 minutes   1 minute = 60 secondes

- Pour simplifier le calcul d'une durée, on peut tracer une droite.

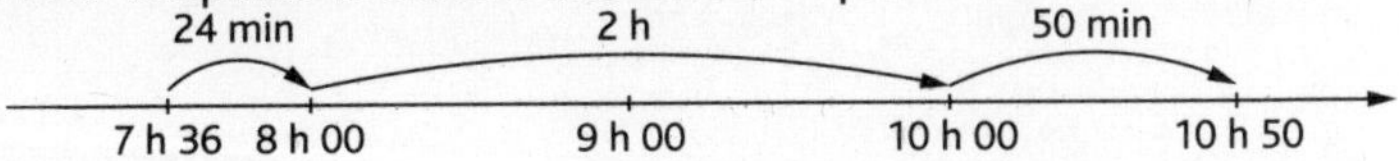

Pour calculer la durée écoulée entre 7 h 36 et 10 h 50, on décompose le calcul.
On calcule la durée de 7 h 36 à 8 h 00 → 24 minutes
On calcule la durée de 8 h 00 à 10 h 00 → 2 heures
On calcule la durée de 10 h 00 à 10 h 50 → 50 minutes
On additionne les minutes : 24 + 50 = 74 minutes
On convertit ce résultat en heures et minutes :
74 minutes = 1 heure + 14 minutes
On additionne l'ensemble des durées calculées :
2 heures + 1 heure + 14 minutes = 3 heures + 14 minutes
La durée écoulée entre 7 h 36 et 10 h 50 est donc 3 heures 14 minutes.

Géométrie

13 Les figures géométriques

- **Les figures planes**

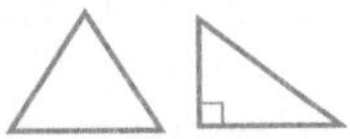

– **Un triangle** est un polygone ayant trois côtés. Il est rectangle s'il a un angle droit.

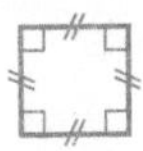

– **Un carré** est un quadrilatère ayant quatre angles droits et quatre côtés de même mesure.

– **Un cercle** est une figure plane dont tous les points sont à la même distance du centre.

- **Les solides**

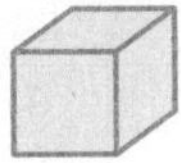

– Un **cube** est un solide composé de 6 faces carrées.

– Une **boule** est un solide dont tous les points sont situés à la même distance du centre.

Histoire

14 Frise chronologique

Préhistoire	Antiquité	Moyen Âge	Temps Modernes	Époque contemporaine

– 33 000 av. J.-C. | 476 | 1492 | 1789

- Env. – 18 000 av. J.-C. Peintures des grottes de Lascaux
- De – 776 à 394 Les Jeux olympiques antiques (tous les 4 ans)
- 1503 La Joconde
- 1651-1715 Règne de Louis XIV
- 1960 Premiers Jeux paralympiques à Rome

Sciences

15 Alimentation et développement durable

• Consommer des fruits et légumes de saison signifie manger des fruits et légumes qui sont **cultivés et récoltés à la saison où ils mûrissent naturellement** (idéalement le plus près possible du lieu où on les consomme).

• On ne peut pas faire pousser n'importe quel fruit ou légume à n'importe quel moment de l'année. **Les conditions de culture varient** (météo, qualité de la terre, etc.) et il est important d'être au plus proche du cycle de la nature pour **ne pas épuiser les ressources** (en arrosant trop, en abusant des engrais et des pesticides, etc.).

• **Calendrier saisonnier de fruits et de légumes** (France métropolitaine)

	J	F	M	A	M	J	J	A	S	O	N	D
abricot												
chou												
clémentine												
fraise												
noisette												
pastèque												
poire												
potiron												
quetsche												
rhubarbe												
tomate												

PAGE-INDICES

SENSU 6

du CM1 au CM2

Note ci-dessous les indices que tu as trouvés au cours de ta lecture.

Va vite te connecter sur le site
www.lenigme.com
pour nous envoyer tes indices,
et tu pourras télécharger plein de cadeaux !

INDICE 1 ....

INDICE 2 ....

INDICE 3 ....

INDICE 4 ....

INDICE 5 ....

Bravo ! Tu as trouvé tous les indices !

Table des matières

Achevé d'imprimer en mars 2023 par Grafica Veneta
Dépôt légal : Avril 2023

L'ÉNIGME DES VACANCES

ROMAN-JEU POUR RÉVISER

Choisis ton univers dans la collection

historique · fantastique · POLICIER · AVENTURE · FRISSON · féerie

du CP au CE1

- Le voleur invisible
- Le mystère de la source (podcast)
- Disparition au pays des poneys (podcast)
- Panique chez les pandas

du CE1 au CE2

- Attention ! Dauphins en danger
- Menace sur Madagascar
- Pirates en péril ! (podcast)
- Enquête de terrain (BD)

du CE2 au CM1

- Les fantômes de Glamorgan
- La plage du Prince Blanc
- Menaces sur la finale de foot
- Planète dinosaures
- Le chevalier sans tête (BD)
- Au muséum d'histoire naturelle (ESCAPE GAME)

du CM1 au CM2

- Le voleur de papyrus
- Le sortilège des loups-garous
- Drôles d'époques ! (7 histoires)
- Objectif planète verte (BD)
- Sur l'île à marée haute (ESCAPE GAME)
- Sensu 6 (LE MANGA DES VACANCES)

du CM2 à la 6e

- Le trésor des Templiers
- La forêt de l'épouvante
- À la recherche de la cité perdue
- Drôles de familles ! (7 histoires)
- À bord du bateau pirate (ESCAPE GAME)
- Le cavalier masqué (BD)
- Mission Krono (LE MANGA DES VACANCES)

de la 6e à la 5e

- Le secret du Titanic
- The Refuge in Danger (en anglais) (podcast)
- Au sommet de la tour Eiffel (ESCAPE GAME)
- Dans les galeries du Louvre (ESCAPE GAME)
- Drôles de talents ! (7 histoires)
- La pierre des orbelins (BD)

de la 5e à la 4e

- Operation Blue Lagoon (en anglais) (podcast)
- Chute mortelle au Mont-Saint-Michel
- The Captain is Missing! (en anglais) (podcast)
- Dans le château de Krennamzer (ESCAPE GAME)

de la 4e à la 3e

- Murder in West Park (en anglais) (podcast)
- The Mark of the Vampire (en anglais) (podcast)
- The Wizards' Night (en anglais) (podcast)
- Dans les allées du cimetière (ESCAPE GAME)

(podcast) Histoire à podcaster sur le site www.lenigme.com